图解服务的细节

099

飲食店は“外販”で稼ごう！オリジナル食品を通販・催事で売る方法

餐饮创业实战5

做好“外卖”更赚钱

[日] 大泷政喜 著

杨玉辉 译

人民东方出版传媒
People's Oriental Publishing & Media
東方出版社
The Oriental Press

序 言

我个体经营的小餐饮店是在2010年开业的，这是我时隔27年第2次经营餐馆。小店的选址距离车站有足足10分钟路程，说起来算是位于住宅区。

我多年来一直从事餐饮店的设计与咨询工作，如果有顾客对我说他想在这样的位置开餐馆，我一定会阻止他。因为我觉得这样的位置从利润核算上看并非不能赢利，但是必须非常努力。

我55岁时开店，平均每天睡眠时间3小时，且没有休息日。在这样的努力下，总算突破盈亏平衡点，实现了盈利。

但是想来，这种劳动强度对于店主而言简直就是在折寿。再加上我还要同时从事设计、食品研发以及咨询等工作，过度劳累导致面部神经麻痹与带状疱疹。右半边脸神经麻痹，连眼睛都眨不了，五官扭曲得好像小时候新年游戏中蒙着眼睛在丑女纸模上贴出的人脸。

于是我匆忙停业去医院看病。一周后，还没等到康复，就又开始营业了。

不劳动就没有收入，这是个体经营的难处。

后来我落下了讲话不利落的后遗症，直到现在也没有痊愈。

我深切地感到，要想生存下去，必须开发自己的商品，并想办法让它在自己休息时也能产生“睡后收入”。

另外，餐馆的营业额受天气影响，下雨时顾客就会减少，下雪或刮台风时，即使开着店也和歇业无异。采购齐全，准备妥当，意气风发地开门迎客，顾客却少得门可罗雀——这样的日子也不少。

于是我想，如何销售商品会与天气无关了。假如店里每天销售 3 支单价为 700 日元的沙拉酱汁，营业 25 天就能增加 5 万日元的销售额。再进一步开拓店外的销路，其销售额就可能与餐馆的营业额相匹敌。

小店有小店的机动性，运转起来很快，不运转就会停歇，因为一切全凭店主。采购、备料、下料、烹饪、上菜、清洗、打扫、财会等，忙于这些事务的时候，通常是没有时间进行开发的。要想加快事业的发展速度，就必须集约经营资源与人力资源，否则无法提高效率，一切都将半途而废。

坦率地讲，拨开眼前的事物才能看清远方。话虽如此，眼前的营业额却必不可少。必须处理好这些看上去矛盾的问题。决定了就马上行动，否则岁月流逝，很快一年就过去了。

2015年9月的现在，Bejidore已经被30个销售店批发销售（请读者朋友们一定搜索一下Bejidore）。

这是我自己伴随着苦痛的餐馆经营与商品开发的经历。我将在这本书里将商品开发的实务与窍门毫无保留地传授给大家。衷心希望更多的人通过开发自己的商品来打下事业基础。

目　录

CONTENTS

第1章

为什么小餐饮店应该进行商品开发

餐饮店的作用并不只是提供菜肴 …………………………… 003

将商品推向店外市场能无限拓展销售额 ……………………… 007

要认识到个体餐馆所具备的长处 …………………………… 012

现在需要的是"安全食品" …………………………………… 017

在原材料方面精益求精　①亲力亲为寻找生产者 ………… 020

在原材料方面精益求精　②调味料的研究是最重要的课题 ……

……………………………………………………………………… 025

第2章

在店内提供料理与在市场上销售商品的不同

我们开发的沙拉酱汁"Bejidore" ………………………… 031

店外畅销的是什么样的商品 ………………………………… 035

要有意识地向普通零售店批发销售 ………………………… 039

餐饮店的营业执照只准卖外卖 ………………………………… 042
每个销售品种、销售形态都需要销售许可 ……………………… 047
赏味期限的决定方法 ………………………………………… 050
通过制造物赔偿责任险（PL 保险）规避风险 ……………… 055

第 3 章

商品开发的启示

热销商品的构成要素 ………………………………………… 061
前所未有的新商品几乎不存在 ……………………………… 065
商品的诞生必须有故事 ……………………………………… 070
日常生活或员工餐中都蕴藏着启示 ………………………… 073
从自己着迷的地方开始商品研发 …………………………… 076
将灵感系统化的思维导图（Mind Map） ………………… 079

第 4 章

在市场上学习将什么样的商品卖给谁

超市与便利店是当地的信息源 ……………………………… 085
调查百货商场的地下超市与专卖店 ………………………… 089
可在网络上实施的市场调研 ………………………………… 094
观察餐饮及食品业界的动向 ………………………………… 098

第5章

想要！想吃！商品开发实践篇

想象商品的使用场景 …… 103
制造一言自明、一看就懂的商品 …… 105
成本核算与销售价格的关系 …… 109
包装影响购买 …… 114
标签设计是商品的代言人 …… 116
食品标识标签的制作（原材料表、赏味期限等） …… 118
商品说明书、宣传单、宣传册的制作 …… 122
邮费与批量、包装形态的优化设置 …… 128
网售所需的经费 …… 135
特卖会所需的出展经费 …… 138
申请国家补贴，用作研发资金 …… 141

第6章

如何拓宽销路、增加销售额　营销与销售实践篇

设定销售目标与产能 …… 147
店内销售战术 …… 152
网络销售战术 …… 154
集市、洽商会、展销会等的销售战术 …… 158

特卖会的销售战略 ······························ 160
百货店等的特卖会的营销方法 ······························ 165
销售之外承接的商品开发业务 ······························ 168
海外销售也不再是梦 ······························ 173

结语　保留食物原有的姿态是小餐饮店的生存之道 ········ 176

第1章

为什么小餐饮店应该进行商品开发

餐饮店的作用并不只是提供菜肴

对餐饮销售的一喜一忧

通常餐饮店的营业额是有限的，因为营业额由“顾客人均消费×顾客数”决定。刮台风或下大雪的时候，来店顾客数甚至可能降为零。顾客数为零的话，即使顾客人均消费再高，营业额也只能为零。

某些选址条件下，小餐馆的营业形势尤为严峻。

即使千方百计招揽顾客，但小店只有很少的人手。因为要筹备午餐及晚餐、采购、接待顾客、处理财务等事务，时间方面根本没有余裕。在这种情况下，如何才能提升营业额呢？怎样才能构筑稳定的经营基础呢？我总是思考这些问题。

众所周知，如果来店的顾客数没有变化，提升顾客消费单价是提升营业额的方法之一。最简单的做法，就是改变菜单构成，进行实质上的提价。但是，涨价之后会有顾客减少之虞。

很多老顾客说我的餐馆价格公道。原因之一在于我使用的食材及调味料。我用的是从信誉良好的生产者那里采购的优良食材，以及没有添加剂、用古法精制的调味料。

这样成本的确比较高，但是由于不受一般市场的供需影响，采购价格比较稳定。很多时候还可以以折扣价购入，所以最终采购价格比在普通店里还便宜。

我把午餐的价格提高了 900、1000 乃至 1200 日元。比如增加了 1500 日元的“飞弹牛肉沙拉盖浇饭”、2800 日元的“A5 级飞弹牛排定食”等，以提高顾客人均消费。

这样做之后，顾客数量非但没有下降，反而增加了（顾客人群发生了部分转变）。90%以上的顾客为女性，这或许是每日更换甜点菜单的功劳。结果顾客的人均消费和顾客数量都有所增加，店里首次突破盈亏分界点实现了盈利。真是看起来难，做起来反而简单。

我以为突破盈亏分界点之后，营业额会继续增加，然而现实并没有那么轻松，第二个月营业额又跌破了盈亏分界点。我变得消沉，认为自己没有经营能力，开始觉得常言所说的“餐饮店收入不稳定”不无道理。

预期销量无限的商品销售

这时我想到的是除了提供菜肴，还要让顾客买商品。

作为可以立即付诸实施的一步，首先我决定在餐馆内销售料理所用的调味品。因为是自己做菜时使用的调味品，在向顾客推销时比较有说服力。还有就是酱汁保质期较长这个有利因素。

比方说盐，我让顾客品尝我们店所用的盐，再和精盐进行比较，两者差别很明显，结果很畅销。味噌是用来制作味噌汤或味噌腌菜的，顾客品尝之后觉得满意的话也会当场购买。店内所用的东西，因为都是日常生活所需，觉得好吃的顾客也会爽快地买回家。

除了食物，我还用“经常进行洗涮工作的我们推荐使用”这样的广告宣传词，销售防止皮肤皴裂的纯天然护手霜。诀窍是将商品放置在收银机近旁，结算时不着痕迹地向顾客推介。

由于是采购来的商品，毛利不高，但好处是均为店里使用的东西，不会出现损失。

我用这种形式找到了卖货的感觉。但是店头销售是有局限的，那就是只有来店的顾客才能购买。

“如果能在自家店铺之外的地方进行销售，销售额会更高。”

我开始希望在店外开展销售。进而又想，要是能销售自己开发的独创商品就好了，那样产生的收益会更高。

在收银机旁边设置销售柜台。味噌与盐的售出频率是两天一个。

“经常进行洗涮工作的我们推荐使用”——这个宣传单介绍的纯天然护手霜（1000 日元）每个月能售出 2~3 个。

将商品推向店外市场能无限拓展销售额

什么是店外市场?

所谓“店外市场”，顾名思义，就是店铺之外的市场。去老顾客的公司推销，去附近的商店进行批发销售，都是店外市场。

店外的营销可以与店铺的运营同时进行。考虑一下自己的商品在什么样的店里会畅销，将适合销路的零售店列出来，然后拿着样品和商品规格书，在餐馆休息时间或固定休息日上门推销。

我最初认为自己餐馆附近的商店卖不动自己的商品。然而将沙拉酱汁推销到邻近的蔬菜店后才发现，自己餐馆的顾客人群与这里不相同，卖得出乎意料的好。所以重要的是不要主观断定，要先试试看。

店头是营销场，也是销售训练场

将在销售预期较好的特卖会进行销售设为目标，然后从提升店头的销售额开始。将店头销售作为营销场和销售训练场使用。要注意这不是“练习”，而是“训练”。

店头销售和特卖会销售的最大区别，在于购买的顾客是熟悉的对象，还是不熟悉的对象。

店头销售时，由于顾客多是见过面的熟人，所以不会太紧张。

但在特卖会活动现场，就会面临这样的问题：面对不特定的众多顾客，如何推介商品才能让对方驻足倾听呢？如何才能让对方试着品尝呢？在店里劝顾客品尝，绝大多数顾客都会欣然接受，然而在特卖会活动现场，虽然顾客很多，但他们只是从眼前经过，不加劝诱就不会品尝。顾客不品尝，商品就卖不动。虽说人家品尝了也未必会买，但劝说品尝的确是特卖会销售毫无例外地会接受的“考验”。

外送是店外销售的第一步

外送是很重要的营销场。以前叫作“外卖”，就是将商品送到顾客的家里或公司，想必大家都有不少这样的经历。

从前由餐饮店提供外送服务是理所当然的。现在比萨、寿司、中国菜、小锅什锦饭、其他餐饮纷纷开始独立开设外卖店。这充分说明外卖有市场。如果因为营业额低迷，你被招揽顾客的口号吸引，将资金投入揽客培训班之类的地方，那么我劝你还是印制一些外卖用的宣传单，试着投放到店铺可以外送的范围内吧。小餐馆应该以扎根所在区域为本。

我的餐馆也接受来店顾客提出的便当、聚会用外卖食品等订单。如果是中午的便当，就在11：30之前结束配送。我建议大家限定配送时间积极开展外卖。

制作外卖专用宣传单，印上店头销售的商品，在配送时推介给顾客，看看他们有什么反应，试着问问顾客需要什么样的外卖商品。打探顾客的需求是生意的第一步，需求多的商品想必会畅销。

例如，多采购一些店里使用的蔬菜进行销售也是一个办法。在日本，蔬菜的销售不需要营业许可，因此可以在送外卖时一并配送。只要店里预先订购就不会有损耗。我是从生产者那里直接订购蔬菜的，所以只需下个订单。不过，要想让蔬菜畅销，就必须拾掇、包装个好卖相。

要想销售，就得有销售渠道。来店的顾客如果留下电子邮箱或住址，就把这些联系方式作为销售渠道。

周六或周日，各地会举办一些展销，我建议大家在这样的市场出个摊位。每个市场的摊位费各不相同，通常是一天几千日元左右。如果按照销售提成，一般在16%上下。这里的顾客大多是带着目的来的，因此在这里出摊，多少能了解到消费动向。

据我看，现在有可能超过餐馆营业额的，是百货商场等的特卖会销售。这些特卖会活动的举办时间最少也要一周，地方物产展等时间较长的特卖会要举办两周。这期间只能脱离餐馆经营。如果有店员可以委托当然没问题，没有的话只能临时歇业。考虑到路费、住宿费等开销，还是从能够当日往返的百货商场开始推销吧。

▸ 外销的步骤

店内销售

❶ 顾客外带
其他商品销售（菜品中使用的食材、调味料等）

↓

店外销售

❷ 送货上门（便当、蔬菜等的配送等）

❸ 去附近推销（去老顾客的公司推销，让附近的零售店代为销售）

❹ 去集市销售

❺ 在百货商场的特卖会销售

在日本，只要有餐饮营业许可，就可以在特卖会上进行现场演示销售。最初你可能会经受特卖会销售的严峻“考验”，但不要放弃。我也毫无例外地接受了这种考验，但这让我明白了如何让社会接受自己和自己的商品，是非常有趣的经历。

要认识到个体餐馆所具备的长处

胜过大公司的食材与烹制

在我看来，个体餐馆与大型餐饮企业的最大差别在于食材和烹制方法。日本大型餐饮企业采购的食材，由于数量和采购金额都相当大，大多是经由商社，也就是贸易公司从海外采购的。

日本商社从全世界收集信息，对数量和价格进行比较后决定采购国。进口蔬菜屡屡出现转基因、农药等问题。牛、猪、鸡的加工肉制品的进口，从中国进口的占半数以上，从美国和巴西进口的次之。对于肉类，令人担忧的是饲养环境，某些饲养场会在饲养过程中投放抗生素、激素、转基因饲料等。

大部分餐馆使用的是这种进口肉，这样的食物含有致癌物质，也可能引发过敏。

另外，现在所有的餐饮连锁店都在削减人力成本。由于人力成本上升，人手不足，为了在人手较少的情况下也能轻松地提供菜肴，这些连锁店采用大量烹制过的加工食品。因此无论是在北海道，还是在九州就餐，味道都没有区别。

个体餐馆可以抓住这一点轻松地予以反击。这样不仅可以和餐饮连锁店清晰地区别开来，更能强调“独此一家”（Only One）的理念。

2013年日本发生了一流饭店伪造食材产地标识的事件，轰动一时。如果问这种事件的发生原因，从根本上说，是优良食材的流通量有限，供给失去平衡。于是“替代品”这种神奇的食材就登场了。

生产量不足以为大公司供货的小规模生产者，在日本全国随处可见。还有的即使生产出了好食材，只要不符合规格（例如装袋尺寸)，就会被机械地归类为规格外产品而卖不出去。

我就是从这种小规模生产者那里采购自然栽培、有机栽培、尽量不使用农药的蔬菜。而蔬菜是有时令和断档期的。采摘不到时令蔬菜时，我不会强行使用替代品烹制相应的菜肴。因为这种断货是自然规律，在我看来，传达时令也是餐饮店的一大功能。

与此相对，大型连锁店不能因为采购不到食材，就立即改变操作。因为他们的成本、制作程序都是标准化管理，如果改变操作会给整个连锁店的烹饪操作带来巨大影响。

同大型连锁店一样，小餐馆也有一旦确定了菜谱，就无论如何都要筹办到食材的倾向（我觉得也可能受开店前学习过的餐馆的影响）。

但如果有“时令”的概念，就应该按照食材更换菜谱。不过现实情况是，有人觉得更换菜谱麻烦，有人将进货委托给供货商，小餐馆并没有用好“随机应变”这个最大的武器。

另外，小餐馆的采购大多以附近或合作超市为主，买不到好食材，也是无法更换菜谱的原因之一。

尽量凸显个人的优势

所有的商品都很好，所有的菜式都美味，或许再理想不过了，然而现实中很难做到。食材都是有生命的，既会受天气、气候的影响，严格来说，也会受到烹制人的身体状况以及感情的影响，因为小餐馆的菜式都是手工制作。

即使自己餐馆的菜式与其他餐馆种类相同，也要让自己店里的更胜一筹。这里的更胜一寿，就是有独创性。要想有独创性，就需要不断改良。虽然有确定的菜式，但与改良相比，宁愿创制新的菜式——这种心情可以理解，然而如果这样做，人气高的菜式就成为定型商品固定下来，从某种意义上说，菜式就不再进化。而如果进行改良，就会进入谁也无法简单模仿的境界，令人不敢轻易冒犯。虽然未必是全部，但这正是最大限度发挥小餐馆优势的所在。

“要吃○○○的话，一定是这家店！”

“要吃△△△的话，那家店是最好的！”

小餐馆就应该树立这样的目标。这样也能在店外销售时为树立品牌形象发挥巨大作用。我觉得这样的才是兴隆的餐馆，是成为老字号的关键。接下来我开始讲产品研发。

如果你认为方圆500米是一个商圈，就会觉得500米范围之外很难有人涉足，但实际上也有顾客来自你设定的商圈外。

在我看来，这与所谓的“商圈”这种物理距离没有关系，而是由吸引顾客光临的动力所决定。因此，即使是在东京经营的餐馆，北自北海道、南至冲绳都是它的商圈。接下来如果你想通过商品外销扩大营业额，就应该将全日本视为你的商圈。

爱知县伊良湖岬的旅馆“新伊良湖”，常年排在旅馆美食家排行榜的前列。店主小久保先生制作的料理深深地吸引着游客。这些料理体现了小久保先生对食材的优秀鉴赏力，以及据此产生的独特创意，赋予了人们远道而来一饱口福的动力。

新伊良湖：爱知县田原市伊良湖町宫下3000–17

现在需要的是“安全食品”

在生拌牛肉事件、饭店伪造食材标识等事件中，令人遗憾的是，我们看到的只有企业单纯追逐利润的自私自利，以及对消费者的无视。从食品安全关乎生命安全的角度来看，这些企业应该被禁止从事餐饮行业。

事件虽然只暴露了食材问题，然而添加剂、农药残留等问题也隐含其中。例如，法律虽然规定了每种食品添加剂可以添加的数量，但实际上一种加工食品中会添加有多种食品添加剂，而我们却没有对这种复合状态进行过任何验证。意识到这一点的消费者正在逐渐增多，我在销售中也感受到了这一点。

我的餐馆附近有个保健所，那里举办的培训课结束后，孕妇们常会结伴来我店里吃午餐。由于我给她们提供的是不使用农药的蔬菜、不使用化学调料以及其他添加剂制作的菜肴，她们吃得很放心。带孩子来的顾客也很多，这让我再次想到了食品安全的重要性以及需求与供给问题。这里所说的需求与供给问题，是指孕妇能够吃得放心的餐馆很少。

◇ 零售所追求的也是“放心食品”

现在在各地百货商场举办的特卖会，从负责人口中经常听到“自然栽培”“有机栽培”“无农药”等词语。由于这个原因，尤其是新客户，对我们的生鲜蔬菜沙拉酱汁“Bejidore”表现出了非常浓厚的兴趣。

相信大家也深有体会，现在无论去哪里的百货商场，都是同样的商品种类，没有丝毫品种变换的新气象。因此百货商场很期待个性化的商品。

我们的“Bejidore”主要使用的是有机栽培的蔬菜。如果有人问，只要是有机栽培的就好吗？我的回答是“No”。因为并不是只要使用有机肥料就好。这里既有有机肥料本身的品质问题，也有其他方面的问题。即便是JAS（日本农业标准）规格的有机栽培，也规定了有可以使用的农药。用或者不用是生产者的自由，严格说来有机栽培并不等于无农药。另外，按照农林水产省的标识指导准则，无农药标识是禁止使用的。只是因为没有惩罚规定，无农药标识才到处泛滥。我感觉无论哪种栽培方法都只凭语言上的宣传。如果是使用蔬菜作为原材料，就需要掌握正确的知识。

商品的关键词有“有机栽培”“自然栽培”“是否转基因”

“有无添加剂”等。此外还有证明保质期的“微生物检测”与“感官检测”，以及部分商品的“理化学检测”。至少也需要进行一般活菌数量、大肠杆菌群落的微生物检测（一般活菌检测），以及品尝味道的感官检测。

所谓感官检测，就是通过实际品尝判断味道是否改变。对于保质期，并不是只要菌群数量少就行，而是必须在实际可食用的范围内。

有人觉得自己的产品和其他公司的产品内容几乎相同，因此只要参照对方公司的产品，设定相同的保质期就可以了。然而对方的产品并没有标识采用了什么样的杀菌处理方式，因此这种参考方式是很危险的。

从前没有食品添加剂。只有在从前那种没有添加剂的前提下进行商品研发，才能生产出符合顾客所追求的健康相关关键词的商品。

在原材料方面精益求精
①亲力亲为寻找生产者

寻找小规模生产者

开发原创商品中至关重要的是决定味道的原材料。大型生产商为了生产大批量商品，必须保证原材料的长期稳定供给。原材料到货不足就会导致生产线停运，造成巨大的损失。

当然我们这些小微生产企业也需要原材料的稳定供给，但是如前所述，我们优先考虑的是原材料品质。

例如，原材料蔬菜也可以在当地的蔬菜店采购，但关键在于蔬菜店的人能够在多大程度上听取我们的要求。很多情况下即便产地可以指定，对方如何栽培我们却不得而知。即使是生产者亲手栽培的蔬菜，因为要满足全国规模的流通，只要不符合规格就不能上市。大规模生产者的蔬菜和小规模生产者的蔬菜，所花费的工夫以及栽培品种自然有所不同。

如果生产者亲手栽培的蔬菜不符合规格，只能由生产者自行销售，或者自行处理。例如，只要尺寸不能恰好通过事先备好的网格，这样的秋葵就是规格外产品。大一点或者小一点都不行。另一方面我们却抱怨蔬菜不足，从海外大量进口。这就是矛盾的现实。

这种不符合规格的蔬菜在全国比比皆是。只要自己去找生产者，就能以低于市场的价格买到手。

只要去找就能找到。这样说起来简单，实际上比去店里购买麻烦得多。不过这种麻烦只发生在最初，找到之后就能放心地持续采购了。

我是这样寻找生产者的：通过熟人、朋友或其他人脉介绍，在网上搜索查询，以及积极参加展销会等。询问地方自治体也是一个办法。

首先要行动起来。不行动任何事都无从开始。

与生产者建立双喜（Happy-Happy）关系（相互支持）

寻找到生产者后，首先让他们把产品送过来。最好去见见生产者，但这也会产生时间与费用（差旅交通费）等问题。蔬菜的话最好能到田间地头去看一看，当场试吃、聊一聊，这是真正实现双方会面的采购者与生产者之间的对话。

我刚开餐馆的时候，蔬菜都是从生产者那里进货的。我是

这是我吃过的最好吃的胡萝卜与水菜。绿色浓郁，根茎粗大，洋溢着惊人的生命力。

采购自生产者的放心且新鲜的蔬菜，商品的成品率高，采购价格稳定。只是相同的蔬菜并非常年都有，因此需要寻找多个生产者（“只有限定的时期才有”=时令，具有附加价值。“Bejidore”是按照蔬菜的时令，在限定时期内生产的沙拉酱汁）。

从与生产者保持密切对话，询问栽培方法，只使用来历清楚的蔬菜开始的。

前面写过，进货不仅是价格的问题。第24页介绍的神户牛肉专卖店“旭屋”与生产者之间是真正的双喜（Happy-Happy）关系。这种关系才能让顾客感到开心。而大家常讲的双赢（Win-Win）关系究竟赢在哪里呢？我对此一直感到疑惑。

生产的作物不符合规格就卖不掉——这种情形怎么看都不能让人开心。我们不能使用生产者亲手栽培的蔬菜也不开心。能够发出信息的小规模生产者终究只是极少一部分，我们只能自己去找。如果能与生产者建立欢喜愉快的关系，商品开发也能得到促进。相信消费者也会很开心。

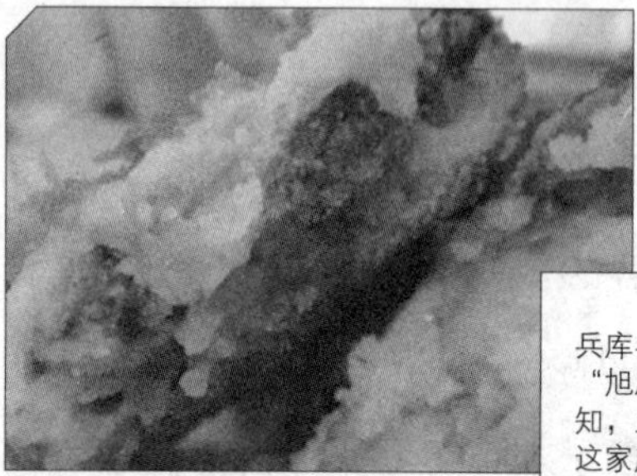

兵库县高砂市的老字号神户牛肉专卖店“旭屋”的神户牛土豆牛肉饼。据我所知，土豆牛肉饼中，没有哪家店能够像这家店这样追求极致。土豆选用的是金男爵和红安第斯品种，在这样的土豆泥中加入神户牛肉丁。每日只出售200个的“顶级土豆牛肉饼”，要排队等10年才能买到。

所有产品都是自家生产，是以名副其实的手工制作。蔬菜全部都是与当地的生产者签约包销，以为当地的发展做出贡献。对于所使用的神户牛肉，店家频繁去牧场向牧场主了解饲养状况。

著名物产神户牛肉旭屋：兵库县高砂市伊保港町1-8-13

在原材料方面精益求精
②调味料的研究是最重要的课题

严格甄选原材料之后，调制方法和调味是接下来的重要因素。建议大家尤其要严格甄选调味料。

例如，酱油只使用用非转基因大豆、小麦和盐制作而成的品种，且尽量选用木桶发酵酿制 1 年以上的品种。

调味料中尤其重要的是盐。说起盐来，令人遗憾的是，很多产品使用的是精盐。精盐中氯化钠含量占 98% 以上，几乎不含矿物质，氧化力很强。简单说来，氧化就是老化。我们选用的盐的特点是氯化钠含量较少，矿物质成分平衡。血液中的矿物质平衡与海水大致相同，盐对人而言是最重要的调味料。现在大家明白泪水和汗水都是咸的原因了吧。

岩盐总体而言氯化钠含量较多，唯一具有抗氧化力（还原力）、呈粉红色的岩盐产自喜马拉雅地区。我在胃不舒服的时候用它来冲水喝。据说在尼泊尔，这种岩盐被当作胃药处方使用。

我觉得在挑选调味料时，重要的是要用自己的舌头进行品尝、比较。不过，人的感觉受自己身体状况的影响，因此建议大家多品尝几次。

西兰株式会社的“玛格玛盐”

美味与健康株式会社的“轮岛盐”

不使用食品添加剂

日本饮食文化形成体系据说是在江户时代，这一时期出现了各种菜肴的菜谱。当然当时没有现在这样便利的食品添加剂。食品添加剂的使用提高了还原性（味道的均一化）、美观（着色剂）、保存期，制造成本降低，这些对生产商和销售店而言都是有利因素。

然而另一方面，食品添加剂的毒性以及对健康的影响不断得到验证。

我就是参照江户时代的文献，利用古法制作菜肴，这些文献中记载着先人在保存食物方面的智慧。当然，当时没有作为食品添加剂使用的保鲜剂。

创业于明治二年（1869年）的百年老店“伊势重”是东京一家古老的日式牛肉火锅店。使用冰保存食物的冰箱出现在明治三十六年（1903年）前后，在那之前，人们将肉类放置到水井中进行保存。然而牛肉还是会变色。于是“伊势重”的第一代店主首创了牛肉佃煮。这样烹制出的牛肉保质期为3个月。当然其中不含任何食品添加剂与保鲜剂。

关于佃煮的起源有各种说法，不过都是江户时代发明的长期保存海产品的烹制方法。这种烹制方法是加入糖和酱油进行炖煮，所含盐分相当高。当时大名们按规定在江户和自己的领地间轮流居住，据说他们在回乡时购买佃煮作为土特产，于是佃煮得以在全国普及。这说明只要采用传统古法进行烹制，就可以在不使用添加剂的基础上制作商品。

伊势重：东京都中央区日本桥小传马町14-9

第 2 章

在店内提供料理与在市场上销售商品的不同

我们开发的沙拉酱汁“Bejidore”

使用安心、安全的原材料

首先让我介绍一下我们开发的“Bejidore”。

Bejidore 现在有 3 种包装：供零售店销售的 120 毫升玻璃瓶装（含税 432 日元）、200 毫升的塑料瓶装（含税 756 日元），以及供餐饮店商用的 1800 毫升装。

基础风味分为罗勒、胡萝卜、红圆葱、熟化圆葱、有机芝麻、菠菜等 6 种，柚子、柠檬、应季的柑橘、金时胡萝卜等则在限定期间内销售。

此外，200 毫升装限定销售的有机香菜大受欢迎。实际上这是 2015 年 2 月开始发售的，当时除了进口产品以及我们的产品外，还没有其他厂商制造生鲜香菜的沙拉酱汁。

接下来我们计划发售的是日本产无农药酸橙、自然栽培的水田芥。

占原材料半数以上的蔬菜，采用的是以签约农户为主的有

"百吉多来" 200毫升塑料瓶装。从左至右为红圆葱、罗勒、胡萝卜、柚子、熟化圆葱

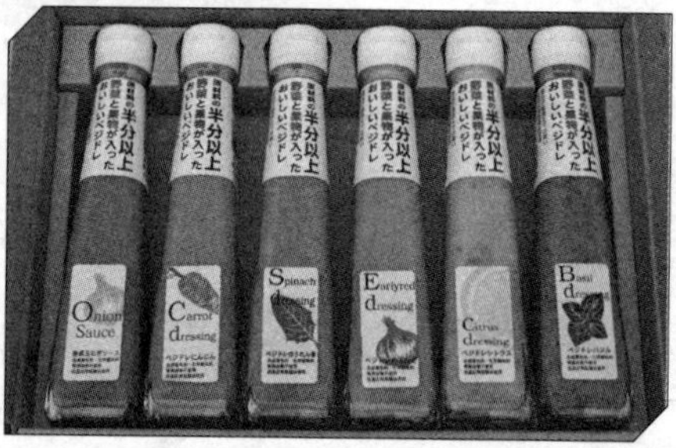

120毫升塑料瓶装

机 JAS（日本农业标准）认证蔬菜。调味料采用的也是无添加剂的日本产产品。蜂蜜采用的是中国产莲花蜂蜜（HACCP 认证、抗生素检测、异性化糖混入检测、规格符合）。食用油采用的是澳大利亚产非转基因菜籽，在日本国内低温压榨而成的菜籽油。

2015 年 8 月到现在，我们的产品在全国 30 多个地方销售。

"Bejidore" 所含成分半数以上为蔬菜和果实，油脂不到三分之一，与其说是沙拉酱汁，倒不如说是蔬菜酱汁。

要想将商品清楚明白地加以推介销售，烹饪食谱也不可或缺。2015 年 3 月，《食生活　蔬菜沙拉酱汁食谱》出版发行。

除了沙拉酱汁，我们还销售用香辛料、坚果、海盐调和而成的“坚果芝麻香盐”，顶级的仙台川熊味噌、轮岛海盐、玛格玛盐等。另外还销售日本首创商品“榻榻米豆芽”，这是将深谷豆芽经特殊加工干燥而成的一种产品。

“Bejidore”所用菜籽油的榨油所。自古以来使用的榨油机。

用热水多次冲泡，然后将污水与油分离，取出上面的油后再次用热水冲泡……这样反复操作后，就会从左边的状态，变成右边市面上销售的油。

店外畅销的是什么样的商品

在餐馆内提供菜肴和在零售店里销售商品，有着很大的不同。

如果是在餐馆内，制作菜肴的人可以向顾客进行直接说明，也可以当场回答顾客的提问。但是在零售店销售时，所有这一切只能交给销售员。

另外，在餐馆内可以食用，而在零售店，除非举行试吃活动，是无法品尝味道的。也就是说，在店外销售时，与内容物相比，包装等占有很大的比重。

最大的区别在于，餐馆内可以按照顾客的喜好进行安排。

比方说，菜谱内含有蘑菇时，如果点菜的顾客不喜欢蘑菇，烹制的时候不放蘑菇就行。但是，包装好的商品做不到这一点。

这是“一对一”与“一对多”的区别。

在餐馆内提供的菜肴需要有专业要素时，像荞麦面和拉面那样有很多大型食品制造商生产的话，就会有很多人减少开发相关的菜肴。

不久前，有位荞麦面馆店主找我商谈商品开发事宜。他说顾客称赞他的荞麦面卤汁十分美味，因此他想将荞麦面卤汁制成成品出售。他做的荞麦面卤汁的鲣鱼味道十分浓郁，但这种水平的卤汁很难说具有独特性。我会在第 3 章进行详细讲述，由于市场竞争激烈，单纯好吃并不一定会畅销。

销售人与购买人的平衡

如果抛开法律方面的许可不谈，任何人都可以开发、制造、销售商品。但是，即使制作出来，能不能畅销是完全不同维度的话题。因为商品买卖从根本上来说是需求与供给的问题。也就是说，只有购买商品的人存在，买卖才能成立。当然商品的状态与价格等也是条件，但这个话题通常终结于什么人买这个问题上。

我们设想一下买面包的情形。早餐所用的面包有各种选择：在超市购买大型生产商所生产的面包，追求新鲜出炉的感觉而在街头面包房购买面包，用面包机轻松制作自家手工面包，自己揉面用烤炉烤面包……

假设你想销售自家制作的面包，那么购买大型公司生产的面包的人，成为你的顾客的可能性应该很小。一般可以推测，在街头面包房买面包的人可能会成为你的顾客，如果你的面包有特点，平时在家制作面包的人购买你的面包的可能性也会比较大。

面包本身是购买人群很广泛的商品，但由于所用原材料以及技术要素不同，其购买人群也会有所分化。这不仅适用于面包，也适用于其他商品。

把商品卖给希望购买的顾客，反过来说，就是制作别人希望购买的商品。能否理解这个平衡，是商品开发的关键。

售后情景就是口传媒介

不知道大家有没有听过日本网购平台 JAPANET TAKATA 的前任社长高田明先生的营销故事。我无论什么时候看，都对他推介商品的高明方式感到十分钦佩。

在我看来，高田前社长推介的不是商品，而是顾客购买商品后的后续场景。

把这个场景置换到餐饮店，将是怎样的情形呢？

如果是餐饮店，顾客的后续场景，也就是向其他人传达从菜肴那里获得的感受。我认为这就是街谈巷议的口传媒介。那么，要想产生这种口传媒介，也就是口口相传的效果，需要什么要素呢？

色、香、味、观感、激发食欲的魅力……这些都是厨师一直以来容易联想的要素，反过来说，这些也都是大家思考的竞争激烈的要素。既然是竞争激烈，菜肴就很难给人留下印象，也就是说，口传媒介就不会产生。

如何才能让菜肴或商品具有强烈的冲击力，给人留下深刻印象呢？这个表达方式稍微有些夸张，那就是冲击性的饮食体验。

“冲击”一词，令人联想到的大概就是街巷中的“巨无霸”了吧。一公斤的咖喱饭、夹有10张肉饼的塔型汉堡、大虾搭在大海碗边缘的天妇罗盖浇饭等，着实容易成为话题。但是，如果我们这种小餐馆把这种做法简单照搬过来，会一下子拉低档次。

我们应该追求的冲击，不仅仅是视觉上的冲击，还有外观与食用感觉的差异所带来的冲击、装盘与刀工的冲击等。这些都是饮食体验。

最近发售的“饺子盖饭”，就是一例外观与食用感觉差异较大的商品，命名也很有冲击力。从通常饺子给人的印象来看，实在无法想象瓶装的饺子。这种差异就是产生街谈巷议、口传媒介的因素。再加上容易接受的价格，顾客将其作为话题而买来当礼物送给朋友、熟人的可能性就会比较大。

要有意识地向普通零售店批发销售

零售店需要什么?

开发商品之后，接下来，要想将销路扩展到自己餐馆以外，就必须考虑向零售店推销。假设每家店铺每天销售 1 个，每个月营业 25 天，算下来就能销售 25 个。如果有 10 个销售店就是 250 个，100 个店铺就是 2500 个。假设每个商品的批发价是 500 日元，就是 125 万日元的销售额。

日本全国有 47 个都道府县，只要在每个都道府县找到平均 2 个店铺进行批发销售，就可以单纯从数量上实现这个目标。考虑到交通等费用，这种营销不现实，但作为目标，这并不是一个无法实现的店铺数量，而是一个提高动力、很有魅力的数字。10 个店铺就是 12.5 万日元，对于小店而言，这是个很大的收入来源。

但在竞争的环境下，每天卖 1 个相当困难。

那么，为了确保这个销售额，就必须对**零售店需要什么**加以分析。

零售店需要揽客，所以要有畅销的商品。曾经有一段时间市场上兴起了辣油热，热起来的时候零售店也很难进货。热潮顶峰过后进货不再困难，但那时辣油已经进入衰退期，开始卖不动了。

热销商品在短期内大量热销，但常来的熟客购买的可能性并不大。零售店寻找的是虽然卖得少但能持续销售的商品。也就是说，他们渴望的是能够为店铺带来粉丝的商品。

寻找拥有共同点的零售店

什么是能为零售店带来粉丝的商品呢？做个类比，就是餐馆的老顾客无论如何都要吃的那道菜。

我最初在自己店销售“Bejidore”的时候，除了老顾客，在午饭中吃过用 Bejidore 浇拌的沙拉的顾客也会购买这个商品。貌似 Bejidore 对首次来店的顾客很有冲击力。我觉得这说明餐馆因此招揽了具有相同嗜好的顾客。

不管怎么说，在最初阶段，为了让自己的商品在自己的店内畅销，可以采用 POP[①] 等宣传方式，全力进行营销。

---

① POP：卖点广告，本来是指商业销售中的一种店头促销工具，其形式不拘，但以摆设在店头的展示物为主，如吊牌、海报、小贴纸、纸货架、大招牌、实物模特、旗帜等，都在 POP 范围内。

毋庸赘言，上菜时要向顾客介绍商品。我当时这样介绍 Bejidore 的特点：不使用食品添加剂、不使用合成着色剂、不使用化学调味料，这款沙拉酱汁的原材料超过半数是有机栽培或自然栽培的蔬菜。

Bejidore 这款沙拉酱汁的颜色绚丽多彩，仅此一点就具有冲击力，能够激起顾客的好奇心。这种在自家店内获得的经验与数据，在零售店的广告策划方案中会发挥很大作用。

寻找代销的零售店时，并不是哪家店都可以。实际到访零售店，如果感受到店铺的商品结构、氛围、来店的顾客与自家餐馆具有相同点，就与店主或店长交谈一下。谈话中要提及自己如何精益求精进行商品研发，在自家店内销售时顾客的反映以及销售状况。这些非常重要。如果这家店铺的常客与自家顾客具有相同嗜好，畅销的概率将会很高。

餐饮店的营业执照只准卖外卖

餐饮店的营业执照被允许做什么

餐饮店的营业与店外销售之间最大的不同，在于营业执照（许可）的有无。

如果是营业中的餐馆，在开业时应该已经取得了所辖地区保健所颁发的餐饮店营业许可，但其营业许可的范围是“店内饮食”和“外卖”。只要是菜单上的菜肴，基本上都可以由顾客带回家食用。其实说起来，可将其视为餐饮店商品销售的开始。

在我的餐馆，菜品的外卖并没有我期待的那么多。这或许是因为如果不设置快餐店那样的“外卖窗口”，或者不在店里明确张贴宣传标识，就不会激起顾客带回家的兴趣。因此，将菜品带回家的几乎都是常客。便当的订单倒是有一些，但下单的几乎都是在店内就餐的顾客。

如果想通过外销提升营业额，应该考虑的是在网店的销售。现在互联网普及，经营网店的餐饮店也很多。不过要想销售餐馆调制烹饪的商品，需要另行办理副食营业许可。这个许可随时可以在互联网系统中租赁，所以能够轻而易举地开始网售。而如果只有餐饮店营业许可，就可能违反食品卫生法。这一点需要引起注意。

不过，如果自己不加以调制烹饪，直接销售所采购的商品，根据经营商品的不同，某些商品需要重新取得相应的营业许可。

根据有关特定商贸交易法的规定，我在网店标识着所取得的 3 个营业许可。它们分别是"餐饮店营业""副食制造业"，以及制造销售沙拉酱汁的"调味料等制造业"的营业许可。

如果是外卖菜品，就不负有原材料表等标识义务，但是从制造责任的角度，建议大家还是贴上写有日期以及"请在本日内食用"字样的标签。这个标签没有固定格式，但标识方法含有固定内容。请参照下图中的详细内容。

▶ 消费期限标识范例

请在本日内食用

2015.9.25

蔬菜料理梦

03-5980-8701

可以外卖的商品范围

前面讲过，可以外卖的商品，就是菜单上所列的商品。但需要注意的是，未开瓶的酒类除外。要想销售酒类，需要售酒许可。另外，售酒许可不归所辖地区的保健所管辖，而是归税务局管辖。

我的餐馆有各种咖喱的外卖。考虑到顾客带回家之前，容器的盖子有可能脱离，或者不了解食用之前的保存方法，所以我将咖喱用真空包装，在冷藏状态下进行销售。后来，考虑到店外销售的情况，就把包装设定为真空包装。

外卖中最令人担心的，就是食品交给顾客后被在何种状态下保存。这将影响菜肴的状态，发生食品中毒事件的概率也并非为零。因此，销售时告知顾客保存方法、消费期限，或者在包装上贴上印有相应内容的标签很重要。

在包括互联网在内的店外开展大范围销售后，销售对象就变成了比外卖还要广泛的不特定多数人。这种情况下容易发生意想不到的情形，所以需要多关注并做好细致的准备。

做好面临投诉与质询的心理准备，事先想好应对方式

我所销售的沙拉酱汁，标签上明确标识着“冷藏保存”。如

果不冷藏保存，品质就不能保证。

但是有一次，我们接到了顾客询问保存事宜的咨询电话。

“我在特卖会上购买了沙拉酱汁带回家，结果放在袋子里，在室温下放置了10天。这样的沙拉酱汁还能用吗？”他这样问。由于标签上明确标识着冷藏保存，所以我们郑重地告知他应该丢弃。

咨询赏味期限与蔬菜产地等问题的人也很多。关于赏味期限，标签上明确标识的是“未开封的赏味期限”，所以我们会告诉顾客在开封后尽快食用。这一点也清楚地标识在张贴在商品上的标签上。

针对这样的咨询，重要的是预先准备好应对方法，与工作人员共享信息。正式开展网售或者百货店特卖会销售后，会接到很多咨询要求。有时会遇到很多难以想象的问题，所以建议大家平时做好模拟训练。同时做好对退货、退款、换货等问题的相关规定。

▶“餐饮店营业许可”被允许与不被允许做的事情

允许	不允许
店内调制烹饪菜肴的外卖	网售时需要副食制造业许可
店内烤制面包或蛋糕的外卖	网售时需要点心制造业许可
饮料的外卖	未开封的酒类饮料需要酒类销售许可

每个销售品种、销售形态都需要销售许可

外销（公司外销售）所需的营业许可

在日本，如果是在餐饮店营业许可的范围内，菜肴、面包、蛋糕、饮料、沙拉酱汁等都可以外卖销售。但是，去店外销售或者进行网售，需要重新办理相应的营业许可。这里的店外并非指房前屋后，而是指在其他店铺销售与批发。

如果是菜肴，需要“副食制造业”许可。如果是面包或蛋糕，需要“点心制造业”许可，果汁或咖啡等是“清凉饮料水制造业”许可，沙拉酱汁是“调味料等制造业”许可。

如果是购进成品进行销售，并不需要上述营业许可。销售自己生产的商品是食品卫生法规定的营业行为，所以在开展外销前，一定要向所辖区域的保健所进行咨询。

有特殊限制的菜肴与许可

在日本，即使是餐饮店提供的菜肴，如果进行店外销售，

某些产品也会受到限制。

例如，自家熏制的火腿、培根等，在餐饮店营业许可下可以外卖销售，但是不能在店外销售或者进行网售。这种场合需要“食用肉制品制造业”的许可。

要想获得“食用肉制品制造业”的许可，需要有厚生劳动省的“食品卫生管理者”国家资格，这是个门槛很高的营业许可。能够成为食品卫生管理者的，或者是持有医师、齿科医师、药剂师、兽医师资格证的人，或者是在厚生劳动省注册的培训学校修完规定课程的人。这与那种通过 1 天培训就能取得的“食品卫生责任者”许可是不同的。

至于面包、蛋糕等点心类，如果不再满足于外卖，而是准备正式开展商品外销，则需要“点心制造业”的许可，不过我觉得从设备方面考虑，很难做到与餐饮店兼顾并存。

特殊的营业许可

商品销售中有一种特殊的营业方式，那就是通过餐饮车进行的销售。在日本，如果有餐饮店营业许可，就可以将汽车改造成厨房，在车中调制烹饪食品进行销售。

只是，这需要到每个销售地区的所辖保健所进行申请，获得许可。例如，如果希望在东京都内销售，只要取得都内保健所的许可，就可以在整个东京都地区销售。但是，要想到其他县进行销售，就必须取得那个县的许可。

在将汽车改造成厨房之时，和实际店铺同样，事先带着设计图纸去找保健所咨询是取得许可的捷径。当然，也需要去所辖地区的陆地运输事务所进行车检。

有在餐饮车中进行销售的梦想固然是好事，但在东京都内确保销售场地是件很不容易的事情。最近也有人从事代为斡旋出摊场地的业务，或者也可以申请到集市等活动场所去销售。

车内空间狭小，空调设施也不完善。在这样的条件下调制烹饪食品，我想很多方面比在餐馆内还要艰难。不过，在人员聚集的场所进行销售或许能提高知名度。我觉得将这种行为当作游击队式宣传活动比较好。

▶ 店外销售的商品与营业许可

商品	需要的营业许可
店内调制烹饪的菜品	副食制造业
培根、火腿、香肠等	食用肉制品制造业
店内烤制的面包、蛋糕	点心制造业
冰激凌、果冻等	冰激凌类制造业
沙拉酱汁等的调味料	调味料等制造业
面类	面类制造业
饺子、土豆肉丸、汉堡等的副食半成品	副食半成品等制造业

赏味期限的决定方法

赏味期限与消费期限由制造者承担责任

所谓“赏味期限”，是指在未开封的状态下，按照标识的保存方法进行保存时，感觉食用很美味的期限。

所谓“消费期限”，是指在未开封的状态下，按照标识的保存方法进行保存，能够安全食用的期限。一般而言，便当等通常设定消费期限，加工食品设定赏味期限。

赏味期限与消费期限的设定被全权委托给制造者。也就是说，制造的人负有责任设定赏味期限或消费期限。换言之，制造者要自己负起责任。

首先应该考虑的是，在“常温”“冷藏”“冷冻”三者之中，选择哪种保存方法。

做菜的人都知道，对做好的食品，通常采用迅速降低温度，尽快脱离细菌容易繁殖的温度带的方法进行保存。然后再进行冷藏保存。这是常识。

但是，与店内提供食品不同的是，在外销售必须将食品装入容器。设定赏味期限必须考虑装入该容器的食品在多长时间内食用才能感觉美味。要知道细菌繁殖后食物就会腐败变味。这个基准可以通过微生物检测进行测定。即便细菌数在规定数值内，味道也可能变差，因此必须设定多个检测时间，同时对不同存放时间的味道进行确认。微生物检测可以在网上检索查找检测机关。

冷冻保存可以大范围延长赏味期限，但在店头以外的地方销售时，冷冻食品必须取得“食品冷冻及冷藏业营业许可”。只要名称是冷冻食品，就需要取得上述营业许可。不过，基于流通目的进行冷冻时，按“冷冻流通品”论处，不需要取得新的营业许可。这一点稍微有些复杂。

如果是常温保存，操作方面的门槛就要高得多。

能够大范围延长赏味期限的方法是蒸馏高温高压杀菌，这种杀菌方式可以使食品在常温下保存一年。但设备费用高昂，要想制造这样的食品需要将业务外包。这种情况下，承担外包业务的单位通常为制造者，餐饮店是销售者。

其他常温保存方法也可以将食品填充到容器后，进行60℃到100℃的加热杀菌。因食品食材等的不同，加热温度与时间也各不相同。关于牛奶的杀菌方式有法律规定，菜品等没有规定。我卖的沙拉酱汁是生鲜酱汁，要冷藏保存，它没有经过加热杀菌。

关于常温保存的杀菌方法，我咨询过多家加工厂，结论是除了使用外包方式生产外，只能自己逐渐摸索，在进行微生物检测的同时，确定合适的温度。

▶ 保存方法与特点

保存方法	特点	保存期
冷藏	加热后冷藏	短（Bejidore保存6个月，普通活菌数不到300）
常温	加热后填充/真空包装	6个月左右
	煮沸、高压加热	6个月左右
	蒸馏杀菌	1年左右
冷冻	需要“食品冷冻及冷藏业营业许可”	1年左右（因食材、温度带而有差异）
	只在流通时冷冻的“冷冻流通品”	—

※由于食材与条件各不相同，以上只是参考值。保存期由微生物检测、感官检测等决定

为设定赏味期限进行的食品分析

在百货商场的特卖会上进行销售时，主办方有可能要求提交微生物检测结果。因为在有些地区，百货商场等所辖区域的

保健所监管很严。

我们制造的沙拉酱汁，分别经过了保存1天、1个月、3个月、6个月的微生物检测。结果细菌检出数量都在规定值以下。

即使通过了微生物检测，能不能畅销的标准实际上还是“味道”。要想证实吃起来味道好，首先必须自己品尝，实际感受味道、口感、气味等。当然，要想分辨味道的变化每天品尝也可以，不过我想在微生物检测当天品尝会比较现实。我们的沙拉酱汁是以冷藏保存为条件的。

发售当初，我将赏味期限定为1个月。这是因为在微生物检测中，我们收到了酱汁保存1个月检出的微生物数量低于规定值的结果。保存3个月的微生物检测结果出来后，将赏味期限延长到3个月。后来又按计划进行了保存6个月的检测。至此检出数值都在规定值以下。

最终经过感官检测（利用人类的味觉、嗅觉、听觉、视觉、触觉等五官进行检测的方法，也就是味道好不好、是否有异味、外观是不是好看等），我们将赏味期限定为3个月。

为了尽早销售商品，只能倒推最低限度的检测期，决定赏味期限与销售日期。希望赏味期限最低1个月，那么销售开始日期就设定在1个月的微生物检测结果出来，感官检测也进行完毕之后。采用这种方式，就能将微生物检测结果作为赏味期限的设定依据。然后依次延长检测期，同时探讨赏味期限的延长。

除了微生物检测，还有针对油品氧化等的理化学检测。尤其是使用色拉油制作的油炸食品，应该进行氧化程度的检测。当然，也别忘了感官检测。

赏味期限与销售战略密切相关

商品是常温保存还是冷藏保存，这种保存方法的不同会导致进货方做出不同的进货判断。

一般说来，常温保存的商品赏味期限较长，能够相应地降低销售店的库存风险，因此销售店的需求较多。而冷藏商品需要冰柜，如果陈列空间不足，销售店就可能不进货。

但是，从到目前为止的经验来看，我可以肯定地说，不管是常温保存，还是冷藏保存，只要判断这是受顾客欢迎的畅销商品，店方都会采购。也就是说，要想说服进货方，当务之急是创造尽可能多的销售业绩。业绩是证明商品人气的广告。

Bejidore 在发售当初，我自己店头的销售业绩是平均每天 10 支左右，月均销售 250 支左右。乍看起来这是个很小的数字，但如果由 1 万家便利店销售，这个数字将是怎样的情形呢？

简单计算一下，那就是每天 10 万支。相信大家都会认为这是一个惊人的销售数字。但还是请实际感受一下每天店内销售 10 支的难度，要知道，这是做出业绩的第一步。

通过制造物赔偿责任险（PL保险）规避风险

什么是PL保险

根据《制造物责任法》（PL法）对损害赔偿责任提供担保的，就是PL保险。在餐饮业，将蔬菜等食材原样销售的，不适用于PL法。制造物责任，是以将食材经过调制烹饪而成的食品为对象的。但某些情况下销售制品的销售者也可能承担责任，因此要将业务内容与交易对象等交易内容告知保险公司并请其进行确认。

开始以广泛的市场为对象开展销售后，就会有不特定的多数顾客购买商品，因此一旦发生某些意外的情况，其损失波及的范围将十分广泛。比如食物中混入异物、容器变形破损，因为容器的原因导致食品变味等，这些都有可能发生。

事故的原因到底出自制造者，还是出自消费者的不当处置，查不清楚责任的情况下可能被诉诸法律，那就需要支付打官司等的费用。

如果确认是制品的缺陷，就可能需要自主召回。这对小餐馆而言将成为巨大负担，所以建议大家事先加入 PL 保险。

您对消费者承担着制造责任的同时，也可能在进货过程中遭受损失。考虑到这样的双重立场，PL 保险称得上是近在身旁的保险。

另外，只要是商工会议所的会员，就可以加入中小企业 PL 保险。

PL 保险是未雨绸缪，开餐馆一定要加入

我开店是在 5 年前，开始销售沙拉酱汁是在 4 年前，PL 保险是在开始销售沙拉酱汁之前加入的。

在那之前，我加入了企业者综合保险。这个保险在发生火灾、事故、食物中毒事件时提供停业补偿，但对于至为关键的食物中毒受害者的保障，却不提供担保。而我是在加入 PL 保险后才意识到这个问题的。

相信像我这样对保险内容的不完善后知后觉的人有很多。也可能有人觉得自己在调制烹饪菜肴时考虑得十分周到，可谓万无一失。但对于小餐馆而言，万一出现问题，就可能一切都毁于一旦。

加入保险就会产生保险费用。不过我觉得，为了未雨绸缪

必须加入 PL 保险，所以我在有限的预算范围内，为了争取最大限度的保障，与保险公司进行了商谈。保险费的计算有好几种方式，我签约的保险是以前一年度的营业额为计算基准缴纳保费。

百货店特卖会销售的申请书中设有是否加入的栏目

在百货商场特卖活动的申请书中，设有填写是否加入了 PL 保险的空栏。不仅如此，越来越多的地方要求提交 PL 保险加入证明。如果您在考虑到百货商场特卖会上去营销，或者接下来想开展广泛的商品销售，一定要加入 PL 保险。

如果只是在日本国内销售，就由国内 PL 保险提供担保；如果考虑向海外出口，则需要加入海外 PL 保险，有的是自己出口，有的是批发给其他公司出口。

在美国打官司的情况尤其多，一旦有事，保险公司会为客户选聘擅长 PL 诉讼的律师。这当中蕴含着保险费换不来的巨大价值。

第 3 章

商品开发的启示

热销商品的构成要素

热销商品的必要条件

热销商品含有各种构成要素，而且某些要素是必不可少的条件。

我认为其中的必要条件是美味、放心、开心、轻松。这些条件带来令人感动的饮食体验。

所谓“美味”，就是吃下以后觉得“好吃!”的那种感动。这是吃的瞬间获得的感受，我重视这种主观感受。然后，再收集客观意见以证实这种主观感受。因为我觉得通常只用“好吃”这种表达缺乏营销力。

其次是“放心”。现在是连婴儿的断乳食品都会加入食品添加剂的市场环境，相信大家能够理解放心是多么难得。前面已经讲过，2013 年接连发生了一系列高级饭店食品造假事件，以及赏味期限已过的商品被再次使用等事件，很多连锁餐馆、便利店、家庭餐馆等都被发现使用这样的食材，人们据此意识到令人放心的食品是多么难得。在这种情况下，我们必须与保有诚信的生产者携手并肩，生产出令消费者放心的商品。

接下来的“开心”是“吃”这种行为的本质感受之一。如果不能吃得开心就不会觉得好吃，而如果觉得不好吃就会吃不下去。“开心”这个东西不是主观想做就能做出来的，但可以肯定地说，如果不是带着开心的心情从事研发，就无法把开心注入商品。这虽说是个心情的问题，但我还是希望大家带着对人们围坐在餐桌旁其乐融融地进食场景的憧憬，进行商品生产。

所谓“轻松”，我觉得就是能够用轻松的价格买到，能够轻松地制作，轻松地进食，轻松地保存（小包装、便于保存的形态）。

这些必要条件，是小店生存所需的关键因素。我在第 2 章讲过，“美味”和“放心”是小店战胜大公司的关键，而“开心”和“轻松”可以说是我们应该向大公司学习的地方。

构成热销商品的其他条件

商品开发所需的其他条件，还有市场调研、设计、营销、促销等。关于市场调研，我将在第 4 章进行讲述。这是必须在相当大的范围内进行类似商品与市场的调研。

将自己开发的商品推向更广阔的市场——从这个角度来看，

必须把握商品的定位。

店铺里并排陈列着很多与我们的产品形成竞争的其他公司的商品。在大量的同类商品中，我们的商品特点、优势在哪里？从顾客的角度是如何看待的呢？这些问题必须思考。

除非举办试吃销售活动，否则只能用商品名称或包装来打动顾客。实际的设计工作包含各种技巧，因此可以考虑设计的构思。至少也要去百货商场的地下食品卖场走一走，反复考虑如果是自己“将会购买哪个商品？”“购买动机是什么？”“这个商品的设计与名称怎么样？”之类的问题。

▶ **热销商品的条件**

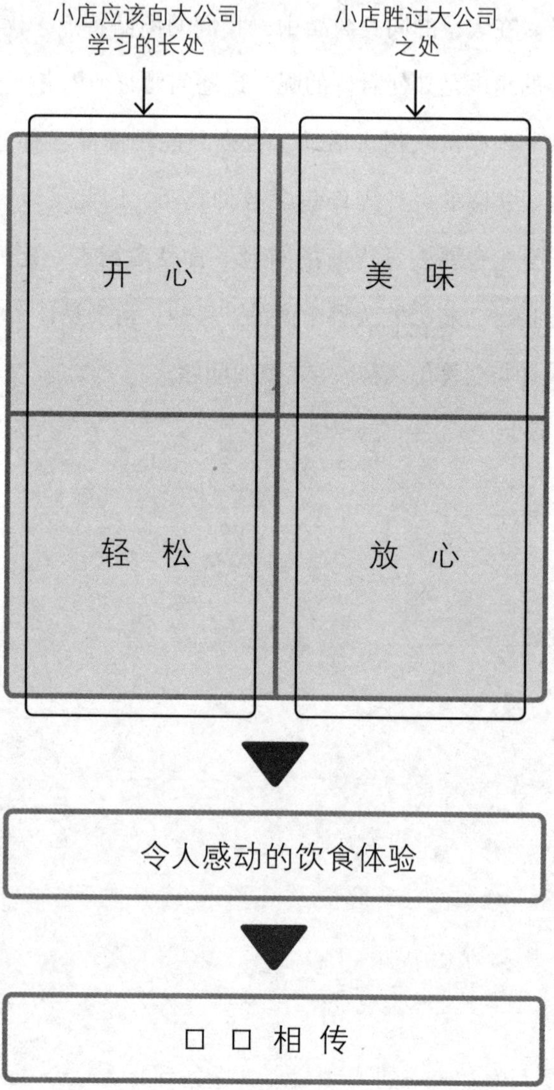

前所未有的新商品几乎不存在

什么是独特性

说起商品开发，大家首先联想到的是“吃的辣油”这种热销商品。看到这个“吃的辣油”的成功案例，就自己也想开发新的商品，但大家是不是觉得看起来容易做起来很难啊。

虽然如此，但是“吃的辣油”究其本源还是辣油，并不是前所未有的新商品。从另一个角度来看，它可以说是炸洋葱和炸蒜的油渍产品。这样看来，所谓前所未有的新商品几乎不存在。通常不过是换了个视角而已。

“吃的辣油”的开发流派是在辣油的延长线上加入了新的附加价值。与普通的辣油不同，这个商品中的固体食材多达三成，是一种酱。在其中加入口感酥脆的炸洋葱和炸蒜是这个商品的关键。

他们或许考虑到太辣会令消费者难以接受，所以降低了辣度，以扩大应用范围来增加消费量。类似商品不断涌现，每个产品的视角也在逐渐改变。人们的喜好各不相同，所以如果能进行细致周到的调查，就能找到各种各样的开发方向。

现在市面上销售的这种辣油系列商品已经多达十几种，在这种背景之下，“盐辣油”的登场令人们再次有了认同感。不过对于在一个完全成熟的市场引入新的潮流而言，我觉得它的冲击力还是弱了一些。这里所说的冲击力，就是令人感动的饮食体验。因为最初“吃的辣油”的冲击力堪称巨大，但随着同类商品的出现，这种感动逐渐趋于平淡，这就是它开始不再畅销的重要原因。

我觉得只要认识到前所未有的全新产品不存在，思路就会发生改变，思维就会变得单纯。但如果过于单纯，就容易在自己脑海中得出“卖不掉”的结论，因此一定要养成咨询他人意见的习惯。

沙拉酱汁也是如此。到超市、百货商场的沙拉酱汁柜台去看一看，就会发现竞争商品多得令人生厌。据《日本粮食新闻》推测，2014年日本家庭用沙拉酱汁的市场规模达1360亿日元。

但是“浇在蔬菜上的蔬菜”——用这种创意制作的沙拉酱汁，就会摆脱沙拉酱汁的概念。我们的Bejidore的顾客通常会问“这是沙拉酱汁吗？”就是例证。这就是擦除了既有概念，创造了 Bejidore 的新概念。

在此之前，根本不存在原材料中蔬菜占一半以上的沙拉酱汁。也正是由于这一点，人们从感觉上将“蘸着蔬菜吃蔬菜”的沙拉酱汁视为了新产品。

从“万能”到“限定使用方式”的新产品

有一种把商品用途专门化的商品研发方式，就是将既有产品进行组合，然后限定其使用方式。相信大家都见过冠着“万能”名号的商品。然而“万能”的说法令使用方法过于宽泛，很多时候反而失去了冲击感。

典型的万能调味料当属酱油，于是出现了故意将应用范围很广的酱油的使用方式缩减的商品。

例如煎蛋盖饭专用的酱油。准确来说，这是一种加入了海鲜汁的酱油加工品，但发售当初从讨论酱油的观点开始，给人耳目一新的感觉。

这样，只要将万能调味料酱油的使用方式集中成某一特殊用途，就会引发话题，使用方法也会变得简单。对顾客而言这是一款全方位无微不至的便利商品。

当然，这种限定用途来研发商品的做法是伴随风险的。因为如果目标与需求发生偏离，就会彻底卖不动。

▶ 改变视角就会成为新商品

通过将“限定”转为“通用”创造新价值

辣油…………主要用于饺子、拉面、麻婆豆腐
吃的辣油……在液体的辣油中，加入酥脆的口感
→拓宽了原本“限定使用”的辣油的使用范围

沙拉酱汁……主要用于沙拉
百吉多来……原材料的半数以上为蔬菜和果汁，提供了“用蔬菜浇拌蔬菜”的新价值观
→用于油炸菜品、牛肉饼、煎鱼排，成为沙司汁一般的存在

通过将“万能”转为“专用”，创造美味的饮食体验

酱油
- 煎蛋盖饭专用酱油
- 土豆炖肉专用酱油
- 酱油淋芝士专用酱油
- 咖喱专用酱油
- 涂面包专用酱油（甜酱油）

将胡萝卜Bejidore和番茄汁对半进行搅拌，然后拌到凉意面里，一份“胡萝卜番茄凉意面”就此完成。这超越了沙拉酱汁的用途，具有了沙司或者调味料的功能。

浦和广场“和创餐厅”川岛店长构思的“Bejidore蔬菜寿司”，是在寿司饭团上放上各种蔬菜，然后浇上Bejidore。

商品的诞生必须有故事

理念与故事

接下来终于要进入商品开发的核心话题了。我将在讲述 4 年前研发蔬菜沙拉酱汁“Bejidore”的过程中，穿插一些我在研发与销售时遇到的问题及失败的事例。

只要了解消费者的需求，就会比较容易做出商品，生意就不会太差。这样说起来简单，但实际上挖掘到需求并非易事。

如果能打造一个如同电影一般的餐馆就再好不过了。买下一座老宅子，将其装修成百年老字号的模样，制作一本设计精良的宣传册，打造一个无可挑剔的完美故事展开宣传——然而对于我们这种没有资金实力的小店而言，这简直是梦想。不过，不能因为没钱就放弃。

那么该怎么做呢？我采用了下面的做法。

我的餐馆位于住宅街，地理位置不太好。在这样的不利条件下，无论如何都需要市场开发时间，我只能每天激励自己专注于脚踏实地的商品销售。我们开发的生鲜蔬菜沙拉酱汁的理念是，让讨厌吃蔬菜的孩子和大人也喜欢吃蔬菜的“魔法沙拉酱汁”，要让大家吃出就着蔬菜吃蔬菜的感觉。

事实上，我们店在尝试着提供生鲜蔬菜沙拉的同时提供 Bejidore 后，很多孩子开始喜欢上了吃生鲜蔬菜。这不是编造的故事而是事实，这成为 Bejidore 故事的开始。

在推销商品时，“有故事”是一个非常重要的因素。最初只能通过店里的实践来打造故事。想让没有资金实力的小店看起来大一些，这是必不可少的投入。

故事中包含着打动人心的要素

在品牌与商品故事中，必然有着打动人心的要素。感动是引起对方共鸣、获得支持的重要因素。克服了重重困难的故事会留存在顾客的记忆里。要想给对方留下深刻印象，重要的是要触动人类的各种感受。

关于记忆，德国心理学家艾宾浩斯的遗忘曲线流传甚广。根据这个曲线，人类所学的东西经过 1 小时就会被遗忘 56%，1 天之后是 74%，1 个月之后是 77%。如此看来，关键是 1 天之后还能留下多少记忆。

据说睡前被输入大脑的信息比较容易留存在记忆里，所以最好让对方在晚餐时一边品尝，一边在餐桌旁谈论品尝的感受。这就要求用相应的能够留下印象的语句推介商品。在对商品进行说明的广告词中，这一点也很重要。

▶ 在店外销售商品时，“理念”和“研发故事”不可或缺

	Bejidore（沙拉酱汁）	饺天（饺子）	悠悠世界（调味料）
理念	让人们彻底喜欢上吃蔬菜的沙拉酱汁	让自家孩子吃上放心的饺子	饺子味的调味料，味道与饺子一模一样，但不是饺子
理念	在菜肴上加菠菜Bejidore后，讨厌吃蔬菜的孩子喜欢上了吃蔬菜	创业以来，执着于不使用化学调味料与保鲜剂，最大限度发挥原材料的作用	可以去宇都宫吃饺子，但是不能带回家——基于这一缺憾的构思
理念	浇在蔬菜上的蔬菜，将英语“Vegetable Dressing”缩略为“Bejidore”	热情的红饺子、无上幸福的白饺子、新绿的款冬饺子	盖浇米饭的饺子
理念	无添加剂、有机栽培、颜色绚丽多彩	无添加剂、日本国产原材料、无糖	不含肉类与韭菜等

日常生活或员工餐中都蕴藏着启示

几乎所有餐饮店都为从业人员提供员工餐

员工餐中所用的食材很多时候是餐馆的剩余库存品。当然这也会影响餐馆的成本率，使用什么材料做员工餐，每家店都各有各的方针。无论哪种情况，如何仅用手头的食材制作出美味料理都是发挥创意的好机会。

因此从某种意义上来说，员工餐具备商品研发时的必要条件。研发面向家庭的商品时，只要满足了用剩余食材做出令家人喜欢的料理这个条件，就能开发出畅销的商品。

做员工餐是我的一大乐趣。餐馆打烊后，我会试着研发商品，经常在不知不觉中，时针已经指向了零点。这样大脑和身体都很疲劳，于是我将商品试制改到在制作员工餐时进行。这样时间就变得充裕，可谓一举两得。

从员工餐中获得的启示

我们店将员工餐转化为商品的料理有：煎蛋包饭、蒸天妇罗，使用蘸汁面、塔塔酱制作而成的鸡肉南蛮煮等。这些商品的共同之处在于使用剩余食材、制作迅捷、好吃。

“好吃”这种表达方式存在着个人差异，而且有些暧昧。不过在我看来，能够长期销售且有众多类似产品就是好吃程度（商品价值）的证明。

按计划将员工餐制作成功后，毫无疑问要继续提高它的美味程度。此外，还要联想一下顾客食用的情景，考虑如何让顾客带回家里或公司食用。比如用什么方式携带（包装），如何加热食用（是加入热水，隔水加热，还是用微波炉加热等）。顾客在家里食用的商品，必须吃起来简单易操作。这一点希望大家时刻记在心上。

日常生活中的尝试与失败

关于员工餐我要说的是，我不是单纯地将员工餐和商品研发结合在一起进行商品研发的。我觉得要想研发出畅销的商品，必须在日常生活中到处走走看看，并品尝各种各样的商品。也就是说，如果不能感受到吃的乐趣，就无法研发出令人愉悦的食品。

市场调查等方面的学术知识非常重要，营养学方面的观点也不可或缺。但是，大脑和胃是完全不同的。

蔬菜等原材料会因产地、季节、栽培方法的不同，而导致味道、香气、营养价值不同。如果笼统地将其按照一般营养价值进行数值组合，这样制作而成的料理即使胃能接受，大脑也可能无法接受。只是被灌输有营养，对身体好，这样的就餐哪里会好吃，哪里会开心呢？对食物的喜恶会影响到饮食体验，也正因为如此，饮食中的开心至关重要。

不要以为只有店内才能成为商品研发的场所，日常生活中的疑问与经验都可以加以利用。

例如速食的味噌汤。遗憾的是，我至今没有遇到好喝的。喝过自己做的味噌汤，再和速食的进行比较就会发现，速食的根本不是味噌汤，而是完全不同的汤。其中根本没有味噌的味道，煮出的汁儿里面只有鲣鱼精等添加剂的刺鼻味道。

我正在尝试开发家里喝的味噌汤。即使经历多次尝试与失败，最终目标也要开发出“终极速食味噌汤”。

可供研发的素材像这样在身旁随处可见。但说起来简单，要真正发现它们，还是出乎意料地难。

从自己着迷的地方开始商品研发

支持有着执着追求的生产者

在不断寻找美味食材的过程中，一旦遇到真正打动自己的食材，我会希望将这种感动传达给更多的人。

在此之前，我遇到了很多生产者和产品。

特别值得一提的是，在我的餐馆开业之时从飞弹高山赶来的奥飞弹田中牧场的田中肇先生。田中先生的人品和他的飞弹牛肉都堪称绝品。据他说，在物理方面决定牛肉柔软口感的是牛肉纤维间细密的脂肪。牛肉在口中产生融化一般的感觉需要油酸，这是一种高级不饱和脂肪酸，其协同效应会让人联想到令人惬意的黑毛和牛特有的风味。

作为好牛肉的条件之一，田中先生生产的牛肉颜色粉红，看上去赏心悦目。据说要想生产出这样美味的牛肉，生产与饲养的相关工作人员将自己的温柔心情传达给牛，对牛温柔以待

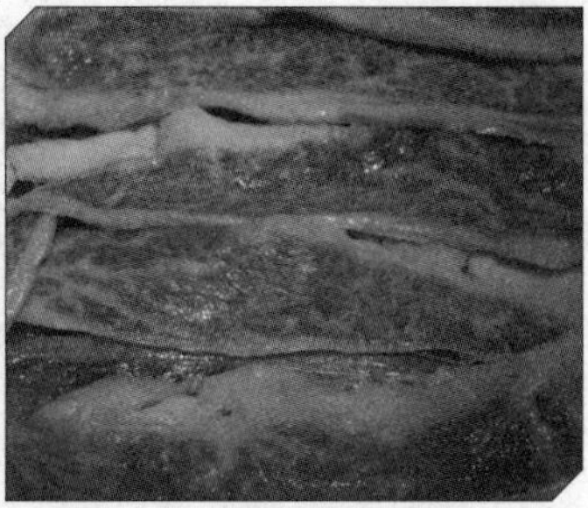

奥飞弹田中牧场的牛肉令人沉醉。于是我开发了能够同时吃到大量飞弹牛肉和蔬菜的蔬菜牛肉盖浇饭。这不仅是店内的菜式，在百货商场等的特卖会上也有销售。有了特卖会等销售渠道，促销活动就变得简单了。

使用A5等级的飞弹牛肉制作的牛肉盖浇饭。1500日元

奥飞弹田中牧场：岐阜县飞弹市古川町太江2025

是很重要的。

同时，他们对黑毛和牛的血统管理可以追溯到 5 代之前。也就是说，这些牛具有什么样的血统和遗传特征，什么阶段投放什么饲料，这些生产过程的透明度非常高。

这种操作已经远远背离了效率。

牛是有生命的动物，所以他们觉得要对生命表达出应有的敬意与尊重。与效率相比他们更重视对生命的尊重，所以带着这种尊重从事每天的劳作。有了这样的劳作，我们才能吃到温情满溢的奥飞弹田中牧场生产的飞弹牛肉。

在好的食材背后，一定有好的人。这种希望将感动广泛传播的心情，与商品研发密切相关。

将灵感系统化的思维导图（Mind Map）

用思维导图构思

我在前面介绍了各种商品研发办法，下面介绍将构思进行归纳的工具“思维导图”。

详细的介绍请大家看专业书籍。所谓“思维导图”，是把自己所思、所想、所感受到的要点用图形表示，并加以整理的头脑状态可视化工具。

最初我把自己的构思记在笔记本上，但有时会忘带笔记本，就无法记录下来。这时我发现了可以用智能手机与电脑使用的思维导图 App，于是就下载使用。智能手机总是随身携带，所以可以随时记录所想到的东西，也可以随时确认，只是屏幕较小，正式操作还是要在电脑上进行。数据可以转换成 PDF 文件，也可以打印，是一种非常便利的工具。

绘制思维导图的 App 有很多种，我使用的是“Simple Mind”。这种免费下载的 App 很多，只要在互联网上检索“思维

▶便于自由发挥想象、归纳理念的“思维导图”

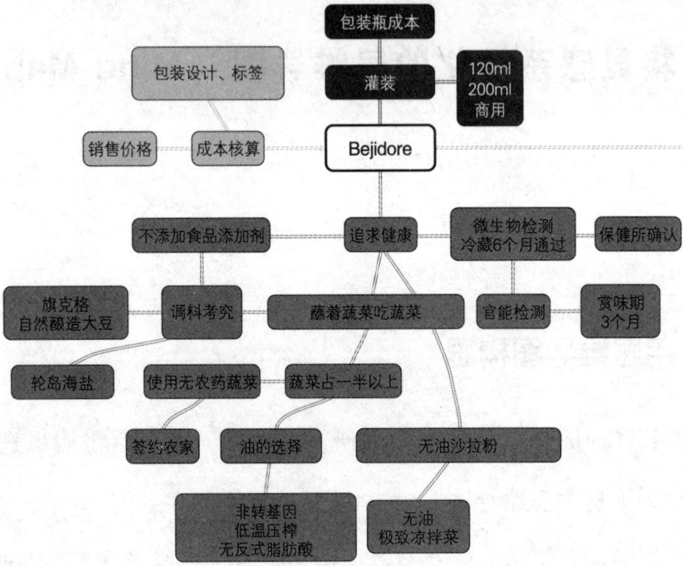

导图”，就可以找到自己感觉好用的并下载使用。

不要想得太难，想到就记下来

作为图例，我绘制了 Bejidore 的思维导图。首先以 Bejidore 为中心思考主题，找出了实际上以什么样的容器与容量进行销售、如何核算制造成本等 3 个课题（实际上，课题不止于此，为了便于说明这里进行了简化）。

首先，作为Bejidore的商品形象，列出“追求健康”这个关键词。从追求健康引出“就着蔬菜吃蔬菜”的关键词，这样就得出了“原材料中蔬菜必须占半数以上”的结论。

既然半数以上为蔬菜，就必须追求蔬菜的品质。

从“追求健康”推出“无食品添加剂”“追求极致的调味料”。再加上主要使用的调味料“酱油”与“盐”。

既然是“追求健康”，就少不了要保证商品的安全性。于是加上证明赏味期限的“微生物检测”，以及品尝味道的“感官检测”。

销售方面也要考虑。Bejidore将以什么样的形态进行销售？从装瓶方面考虑，根据塑料瓶、玻璃瓶派生出成本、销售价格。具体执行的时候，建议大家打印出来，作为操作确认表使用，以免遗漏。后面需要添加的事项，可以随时加入思维导图。琢磨一下位置，也可以作为作业工程表使用。

虽然有些粗略，思维导图表达的内容大致可以这样说明。

重要的是将想到的事项随时记下来。至于是否需要消除留待后面决定。灵感不是靠想就能想出来的。有时候灵感来了没有记下来，后面就再也想不出了，所以我总是随时做记录。

第 4 章

在市场上学习
将什么样的商品卖给谁

超市与便利店是当地的信息源

紧贴当地的信息

超市的备货品种能够反映该地区商圈内的购买倾向。我到外地出差或到国外旅行的时候，一定会去当地的超市与零售店看看，对生鲜三品（蔬果、鲜鱼、精肉）的内容、价格以及当地消费者的购买情况进行分析。在这种分析的基础上，再看备货品种。只要进行了以这种分析为主的地域分析，就能了解消费者的购买倾向。这是为了了解自己开发的商品所处的位置而进行的学习。

便于了解畅销商品的地方是便利店。我总是对便利店的商品开发能力与商品构成能力感到震惊。他们一定是在细致分析顾客购买数据的基础上进行精准研发的。

在便利店应该确认的是便当类、包装副食、冷冻食品，以及甜品类食品。特别是摆在陈列架下端的便当，数量多的可判断为畅销品，数量少的是试销品。说起来冷冻食品的放置都是较固定的，据此可以了解该地区的定型商品。

便利店里最畅销的是饮料，因此无论在哪家店都可以看到冷藏柜一定是放置在从入口看上去靠里的位置。之所以放在靠里的位置，是为了让顾客顺便看看其他商品。这样，我们就能意识到有限的店面是怎样高效使用的，于是也就渐渐明白自己希望销售的商品应该放置在什么位置。

搞清楚黄金区域

将最希望销售的商品摆放在齐胸高的位置，是店里的常规做法，因此首先要对这些商品进行确认。

假设我们面对的是意面酱汁品种丰富的店。有的店只摆放大厂家的意面酱汁，有的店也摆放专门店生产的意面酱汁。了解了这种商品构成的不同，就可以在开发意面酱汁后委托相应的零售店销售。

从商品种类与数量来看，咖喱等经过高压高温杀菌的软包装商品，以及咖喱卤非常丰富。与正宗的印度咖喱不同，日本的咖喱是经由英国传来的。其后又经过日本的独特改进，成为现今的国民食品。

从数量来看，杯面等速食面也多得数不胜数。仅拉面就有炒面、荞麦面、乌冬面、粉丝面等众多品种，和咖喱一样，面类也是国民食品。

这些都是日本人非常熟悉的日常食品。小店如果要参与商品开发，关注这样的人气食品非常重要。

这种商品在市面上发售的品种非常多，但如果在其中稍微加入一些原创元素，就会成为新商品。不过如果想被消费者认定为谁也没吃过的全新商品，难度会增加很多，所以需要考虑自己想要销售的食品究竟在多大程度上为人所了解。

关于面类，要想研发、销售杯面或速食拉面，需要相当多的设备投资，对于小店而言门槛很高。但我想生鲜面类可以参与。实际上也有参与生鲜意面的案例。

商品开发完成后，如果当地超市的备货品种倾向与自己的商品相吻合，就可以试着进行促销。即使商品销得不好，也能了解到不畅销的原因，以及超市的备货倾向，因此还是具有尝试价值的。

从便当与副食卖场备货品种中得到的启示

从前几年开始，超市副食卖场有扩大的趋势。我家附近的超市也进行了改装，副食卖场扩大到原来的 3 倍。副食卖场的固定商品有寿司，天妇罗、干炸食品等油炸食品，烤肉串，便当等。此外还有三明治、面包，饺子、炒菜等中国菜，汉堡包等，经营品种很多。

不仅副食，那种可以买来，然后在家里简单轻松制作料理的商品也很丰富。比如炸鸡块粉、加水搅拌就可使用的天妇罗粉、散寿司料包、中国菜料包（经高压高温杀菌的软包装）、牛肉饼料包等。特别是中国菜料包，由于能够轻松地再现正宗味道，很热销。相信这种“只要有食材就能轻松制作出正宗料理的商品”将来会越来越畅销。

现在社会上出现了进一步的需求。近几年，不再去外面餐馆，而是在家里进行简单聚餐或办聚会的人越来越多。大家希望用自己拿手的料理招待朋友，可是用现在的速食调料制作料理，根本不会有得意之作。已经大众化的产品，大家尝一口就知道味道。所以大家会期待有独创性产品的出现。

我喜欢吃黑醋猪排，所以总是在各种餐馆和便当店购买黑醋猪排。可是有一天我发现，所有店里的味道几乎都一样。这大概是他们都使用加工调料的缘故吧。由于这个原因，我觉得即使稍微费点工夫，如果能制作出味道不同于平时的料理就好了。只要商品能够突显出制作人的存在感，就一定会有市场。

调查百货商场的地下超市与专卖店

专业性是利基市场[1]

每家百货店都在摸索打造自己的专业、特色，与独特的魅力。

横滨高岛屋于2014年开设了以“安全·放心”“健康”“美味”为主题，基于严格的公司标准选择商品的自选商店“高岛屋农场”。这家商店以蔬菜、水果为主，销售来自日本全国的优质商品。

这家店对商品的选择标准有如下4点：

- 追求原材料本身的美味
- 以安全、放心、新鲜为本
- 注重栽培与制造方法

---

① 利基市场，是指针对企业的优势细分出来的市场，这个市场不大，而且没有令人满意的服务。将产品推进这个市场，有赢利的基础，特指针对性、专业性很强的产品。

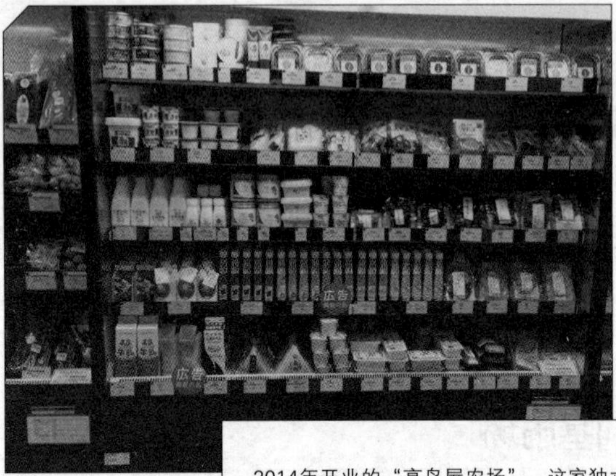

2014年开业的“高岛屋农场”。这家独立的天然食品店以蔬果为主，汇集了来自全日本的追求极致的商品。

- 将食品添加剂限定在必需的最小限度内

我们的 Bejidore 由于完全不使用食品添加剂，符合上述 4 个标准，在高岛屋农场开业之初就被上架销售。我觉得在今后的商品开发中，这些条件非常重要，应该被视为必要条件。

消费税增税后，我们在札幌进行特卖会销售时，恰好附近新开了一家“粗茶淡饭专卖店”。相对于利基市场而言，粗茶淡饭未免题目过大，居然也以利基战略为开发理念，让人感到非常有趣。

店里商品品种相当多，与其说是日常饭食，不如说是顾客

喜欢买来用作礼物的商品。感觉他们在商品包装上非常用心。实际品尝后发现，食用便利且味道很好。可见即便是我们熟悉的粗茶淡饭，也能赋予其附加价值。这种观点在今后的商品开发中不可或缺。

学习国外的专业店

我非常喜欢纽约，每次去那里旅游都将其他事情抛到一边，一头扎进当地的超市、零售店或者餐馆里逛吃。

8年以前，我就觉得如果“城市面包房”(The City Bakery)、法式咖啡厅“面包日常”(Le Pain Quotidien) 能在日本开店将很有趣。由于加盟费高，我没有着手。现在这两家店已经在日本开店了。我在纽约时每天都去“面包日常”，不仅是因为那里的面包好吃，还因为在那里能够感受到店里营造的放心感和期待感。

面包的原材料非常简单，但也许使用的小麦粉、水、酵母完全不同吧。不过我觉得即使是用相同的原材料，也烤不出相同的面包。这就是所谓的“给商品注入生命”。面包在国外相当于日本的大米。参考国外的专卖店，考虑一下用大米能制作出什么新商品也是一种思路。

纽约的意大利街有西式腌菜专卖店。那里的商品展示方式非常有艺术感，足以改变人们对西式腌菜的既有印象。如此看来，日本的腌菜应该还有更多的表达方式。在商品的展示方式方面，欧美更胜一筹。消费者的购买动力受展示方式影响，所以希望大家尽量多看看各种各样的商品，包括它们的展示方式。

“面包日常”位于曼哈顿的一个分店。

在去年的国际食品饮料展会FOODEX上见到的意大利西式腌菜专卖店。其西式腌菜的展示方式简直是一种艺术。

可在网络上实施的市场调研

搜索类似商品

进行商品开发时，无论如何都让人放心不下的是类似商品的存在。去店里确认类似商品，收集原材料等信息，或者买来确认其味道固然重要，但要想在全国范围寻找类似商品，网络检索更为便利。

我是用“沙拉酱汁”“生鲜沙拉酱汁”“蔬菜沙拉酱汁”“生鲜蔬菜沙拉酱汁”等作为关键词，再配合“胡萝卜”“红洋葱”“菠菜”“罗勒”等具体原材料进行检索的。

然后对检索结果中排名前 200 种的商品进行确认。尤其是排在前列的商品，去店里实地购买或者邮购。然后进行品尝比较。不仅在日本，去国外旅行时，也尽量买畅销商品回来进行品尝。

了解自家商品与类似商品的不同

如果发现与自家类似的商品，我就会寻找它们的不同。

通过网络检索发现，标识商品原材料的网店非常少。我们标识了沙拉酱汁的所有原材料与致敏物质。这是顾客购买商品时必须了解的事项，致敏物质的标识也是义务。

据我感觉，“网店的姿态”是顾客筛选商品的依据。也就是说，店铺制作的网页必须能够有意识地汇集目标顾客人群。

我们的沙拉酱汁的特点之一在于所用的菜籽油。通常市面上销售的菜籽油使用的原料是加拿大产的转基因菜籽。生产非转基因菜籽的国家只有寥寥几个，使用非转基因菜籽油生产沙拉酱汁的厂家几乎为零。

制油工艺也有特点。

制油工艺有两种，一种是自古以来的“低温压榨”法，另一种是使用化学溶剂乙烷，出油率很高的浸出法。低温压榨只能榨出75%的油，而化学溶剂浸出法几乎可以浸出100%的油。但是，使用浸出法时，为了除掉化学溶剂，还需要对油进行高温处理。由于这时会产生被称为“食用塑料”的反式脂肪酸，所以化学溶剂浸出法被越来越多的国家禁止使用。

低温压榨出油率低，但是低温条件下不会产生反式脂肪酸，生产的油比较安全。出油率低，价格就高，因此大厂家绝对不会使用，中小微规模的厂家使用的也很有限。我本人很在意油。无论是在餐馆，还是在百货店特卖会上销售的时候，我发现很多人和我一样都很在意食用油。然而实际现状是，能够满足人们这种高要求的商品很少（另外，对于制油工艺导致的味道差别，几乎尝不出）。

最后我把沙拉酱汁浇拌在蔬菜里进行品尝比较。这样就能清楚地分辨出不同。了解了自家商品与竞争商品的不同后，就在宣传中明确强调这个不同。市场对我们这种商品的需求不断增加，毫无疑问这为今后的商品开发指明了方向。

搜索买家评价

购物网站上经常介绍“买家评价”。餐馆网页评价中固然也有真实性低的，但如果翻看几百个买家评价后，就能大致判断所写内容的真伪。其中固然有“托儿”，但是“托儿”就是“托儿”，我们反而可以从中看出他们想宣传商品的什么，就此作为参考。

真实的买家评价大多会写激发购买动力的是商品的哪个部分，实际使用时发现好在哪里，还有意见与希望是什么等，因此可以作为参考。

很多人会在自己的博客上传所购商品的使用照片以及感想，我建议大家搜索一下类似内容。有的买家的使用方法会出乎你的意料，由此激发出灵感的事例也不少。

搜索买家评价时，不管是竞争公司的商品，还是自家公司的商品，都要搜索。

例如，针对 Bejidore 的评价有如下内容：

“我对市面上销售的沙拉酱汁的内容感到不放心，所以通常不买沙拉酱汁。这款宝贝有点小贵，但我支持真货。”

“这款宝贝的赏味期限貌似比超市卖的沙拉酱汁要短，但是用料考究，所以我觉得值这个价儿。”

从这些评价中，我感受到了大家对原材料的关注之高。

评价中不仅有赞扬，还有关于改进的宝贵意见。

Bejidore 的原材料中半数以上是蔬菜，蔬菜纤维容易在包装瓶上部结块，因此有反馈意见说“倒不出来”。我们也试着寻找过瓶口较宽的包装瓶，但没有找到，于是就开始使用没有添加剂的纯橙汁作为增稠稳定剂。这样就有效抑制了食物纤维的结块。

为了生产“美味、放心、开心、轻松”的商品，我们倾听买家的反馈并将其用于商品开发。

观察餐饮及食品业界的动向

观察生产商的动向

虽然无法将公布的数字全部通读一遍，但哪个厂家的哪种商品销售额增长了，哪个商品的销售额下降了，却是个很有趣的话题。另外，不仅数字能反映销售情况，看看商品的实际陈列状况，就能判断出畅销商品是什么。

说起沙拉酱汁，我们发现芝麻系列的沙拉酱汁有着不易动摇的人气，于是就将其加入我们的商品阵容进行销售。其他方面我们也在检查确认，进行新产品的分析。

关注大厂家的商用新产品

面向餐饮企业销售的经过烹制的加工食品，如果在商用方面销售业绩骄人，就一定会面向家庭使用开展销售。

十几年前，有个找我咨询的顾客开了家啤酒馆“三日月堂”，他们的菜单里有使用冷冻意面制作的肉酱意面与蘑菇酱意面。意面是大厂家生产的产品，当时冷冻意面还没有面向普通大众销售。他们用高压蒸汽的专用机械对意面进行 15 秒的解冻、加热，这样加工出来的意面筋道程度与普通煮出来的意面相比毫不逊色。其后不久，冷冻意面就被摆到了超市的冷食柜台。从这里我意识到商用食材被开发成家庭用产品的可能性比较大。

如果你今后准备进行正式的商品开发，那么我建议一定要向有生意来往的合作商，要新产品样品。

另外我建议大家多去看看商用产品厂家的展示会，以及东京国际展览中心举办的食品展示会。并不是所有的商用产品都会面向一般大众销售，但如果了解了面向大众销售的背景与原因，就能作为今后商品开发的参考。

第 5 章

想要！想吃！
商品开发实践篇

想象商品的使用场景

你能想象出顾客购买商品后的情景吗

进行商品开发时，如果能够想象出顾客购买这个商品后如何使用的场景，这个商品畅销的可能性就会比较大，也就是想象商品在餐桌上如何被使用。

在我看来，在反复试制的过程中，自己设想的理想场景就会出现。如果能马上出现那是再好不过，但实际上它不会那么简单地出现。

这时，只要是能够设想的场景，就要记在思维导图中进行整理。

比如使用什么样的容器，容量是多少，价格是多少等。究竟是加入水中煮沸，还是直接使用，各种使用方法都要加以想象。如果只是从一个方向展开思考，就会看不清其内外上下。

例如我们可以想象一下：餐桌的盘子里摆放着用切片机切成薄片的萝卜，如果这上面加入 Bejidore 的红洋葱沙拉酱汁将是一幅怎样的画面呢？

相信很多人认为沙拉酱汁是拌蔬菜沙拉时使用的。假如喜欢放沙拉酱汁，那么该怎么做呢？Bejidore 充分利用了美丽的蔬菜色彩，只要放到颜色较浅的蔬菜里就是一幅画。

让餐桌变得绚丽多彩，对这样的场景进行一番想象很重要。

在白色的萝卜上加入粉色的红圆葱沙拉酱汁，就成为一道赏心悦目的料理。

制造一言自明、一看就懂的商品

用“一句话”给人留下印象

5年前开设餐馆“蔬菜料理梦”时，我最苦恼的问题是“蔬菜料理”这个名称能否给人留下印象。我希望大家在面对“今天吃什么”这个问题时，“蔬菜料理”能够像烤肉、拉面、寿司一样浮现在人们的脑海中，得到大家的广泛认同。但我担心这需要相当长的时间。

在这一点上，沙拉酱汁是一种扎根于日常生活的商品，对于沙拉酱汁本身不需要进行说明。但如果不能明确与其他沙拉酱汁的不同，顾客就不会选择。

前面讲过，Bejidore的开发理念是“浇在蔬菜上的蔬菜”。由于是用蔬菜制作的沙拉酱汁，所以我们把其英语“Vegetable Dressing”缩略为“Bejidore”。在我们店里使用时，不喜欢吃蔬菜的顾客（包括孩子）也开始喜欢吃蔬菜，因此我们推出了“让你喜欢上蔬菜的魔法沙拉酱汁”的宣传语句。又由于它的彩色特征，我们也称它为“彩色沙拉酱汁”。包装瓶上贴的标签上醒目地印着“原材料的半数以上为蔬菜和果汁的生鲜蔬菜沙拉酱汁”。

◇ 命名与商标注册

给商品命名，如同给自己的孩子起名，是件非常令人苦恼的事情。

好说、好记的名称容易给顾客留下印象，是商品畅销的条件之一。如果是容易留下印象，又有点幽默感的商品名称，甚至会成为流行语。

要说好的商品名称，我首先想到的是“杯面”。这个名称原样再现了商品实物。装入杯子的面条，所以叫“杯面”。

“棒咖喱”（BON Curry）也是个很好的名称。“BON”在法语里是“好”的意思，因此“BON 咖喱”就是“好咖喱”的意思。

命名的方式中，“外语+外语”“外语+日语”的命名方式有很多。

一旦某个名称让你有了“就是这个”的感觉，就要去特许厅进行商标注册。注册可以让你获得独家使用权。商标注册实行先申请原则，因此必须先于其他公司或其他人进行商标注册。

另外，进行商标注册时，需要指定使用该商标的商品与服务。

简单说来，申请使用“Bejidore”这个商标作为沙拉酱汁的商品名称时，如果没有相同的名称注册，就可以获得独家使用的权利。

举例说来，如果商标“Bejidore”作为“沙拉酱汁”的服务已经注册在案，申请就会被驳回，但如果商标“Bejidore”是作为“冰激凌”的服务注册在案的，虽然商标相同，由于服务不同，该商标注册也会得到承认。因此只要扩充使用的商品与服务范围，就可以独占使用该注册范围。不过注册申请费是按照服务数量进行计算的，所以如果只用于沙拉酱汁，服务限定在沙拉酱汁范围内就行了。

▶**命名范例**

加缀“黄金”或“白金”

苹果……………………	“品级黄金”
速溶咖啡………………	“雀巢黄金搭配”
柑橘……………………	“爱南黄金”
软包装咖喱……………	“棒咖喱黄金”
口香糖…………………	“木糖醇口香糖白金薄荷”

→给人高级、一流、上档次的感觉

加缀“超级”

啤酒……………………	“超级麦香” “超级清爽” “超级比尔森” “惠比寿超级黑啤”
炸鸡……………………	“超级炸鸡”
冰激凌…………………	“北海道超软”
大巴车…………………	“超级回数券”
点心……………………	“超级奥利奥”
罐装咖啡………………	“三星超级混合搭配”

将罐头食品称为下酒菜的“下酒罐头”，是一个用商品的本质要素进行命名，易给人留下印象的名称。与普通罐头相比，其价格设定较高。该商品的市场目标与理念是，在卖酒的地方销售，而不是在罐头卖场销售，这一战术可谓正中靶心。

成本核算与销售价格的关系

餐馆料理与销售商品的成本核算有所不同

据说餐饮店的成本一般为30%，但现在餐馆的标准是成本为40%左右就不错了。当然，使用便宜的进口肉或进口蔬菜能够降低成本，但那样安全性会成为问题。

花费成本制作的料理，由于是直接提供给来店的顾客，所以以固定价格进行销售。

但如果是外销，大多数就会是批发销售。批发销售的时候，如果不考虑销售店的利润，对方就会不予理睬。一般而言，考虑到零售店的利润（毛利）是30%左右，因此要刨除定价的30%左右，也就是以7折的价格进行批发销售。如果是热销商品，也可以刨除20%，也就是以8折的价格进行批发。一般来说，不同厂家有各自的批发价格设定方式。

如果不是直接批发给零售店，而是批发给批发商等中间商，就必须进一步降低批发价格。批发给中间商时，利润幅度就会变小，因为中间商会收取手续费。

在直接销售（店头销售、通信销售）、特卖会销售（百货店、集市等）、批发销售（零售店、中间商）等不同场合，需要事先决定如何设定其附加费用。例如在考虑邮费一项时需要预先考虑计算如下情形：邮购时，根据购买金额予以邮费减额，或者包邮；批发销售时根据批量予以包邮等。

销售价格的确定方式

说实话，在确定销售价格时，我经历了非常苦恼的过程。原因是我的脑海中存在着价格高低决定是否畅销的观念。我在餐馆菜式的定价中也经历了同样的苦恼，但在 Bejidore 的价格设定中，这种苦恼尤为严重。

我去百货店的地下超市以及专卖店查遍了沙拉酱汁的价格，也在网上进行了检索，可还是无法消除苦恼。于是就想，那就根据成本来确定价格吧。可是不同风味的沙拉酱汁成本也不同，所以还是没能成功。最后我找来尽可能多的人进行试吃，问他们肯花多少钱买，收集他们的意见。然后将汇集的结果与成本进行对照，最终确定了销售价格。销售开始后再变更价格，尤其是提高价格比较有风险，因此这个销售价格是在综合考虑未来销售的基础上研究并制定的。

成本管理与重新评估

开展销售后，我遇到了各种各样的不同问题。

最先遇到的问题是包装瓶。

最初我在网络上检索，找到了与我想象接近的包装瓶，于是进行了订购。我以为那是厂家，结果是网络销售商。当然，价格也比厂家高。

更成问题的是每次订购时的现款支付。如果价格便宜，下单时现款支付能接受，但是随着订购次数的增加，先行支付的资金也要增加，这对小店而言是个严肃的问题。

另外，由于库存数量不稳定，如果没有厂家的库存，到货日期就无从得知。不知道到货日期，我们也无法告知客户交货日期。于是我决定更换包装瓶，从厂家或系列公司那里直接采购。

调味料的采购也发生了很大的变化。有些东西会从制作方法上判断不再需要，与此相反，也有很多东西是在发现了新的更好的产品后，进行升级换代的。

最令人苦恼的是蔬菜。由于是农产品，所以供给有时会突然中断。Bejidore 对蔬菜的基本要求是有机栽培（包括 JAS 认证）与无农药。柠檬与柚子是自然栽培（无农药）的产品，连皮都可以放心食用。最初交易对象的生产者不稳定，但现在与他们的联系变得紧密。由于是从生产者那里直接采购，所以可以放宽心，不再像市场价格那样让人一喜一忧。

即便如此，我们也必须通过对原材料与资材的重新评估，对成本进行定期确认。老实说，成本管理是件很麻烦的事情。由于每天忙于制造、销售，交货单会被放置一边，甚至连交货单的价格发生了变化也不会发现。一旦将营销视为最优先事项，就会忽视成本管理。忽视了成本管理，最终营销也会陷于被动。尤其是有些原材料因日元贬值而价格变高，如何应对这些是成本管理上亟待解决的问题。

针对近期的成本上涨，我们考虑用销售数量来加以吸收。也就是说，我们考虑从提高最低批发数量的方向来解决这个问题。

我写下的上面这些内容，也是在告诫自己。一定要扎扎实实做好成本管理。

▶ 对一般经费和价格的思考

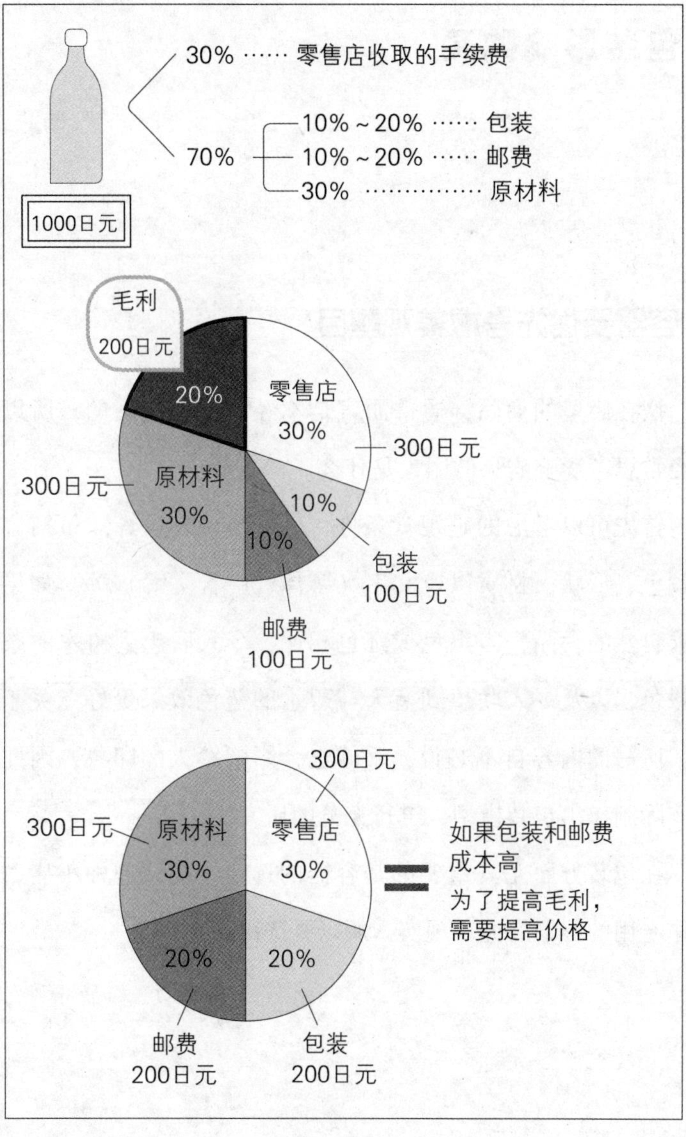

包装影响购买

容器要优先考虑美观醒目

摆在店里的商品，通常而言是不经试吃就购买的，所以必须经常思考影响购买的因素是什么。

首先可以考虑的是视觉条件，也就是包装设计。包括容器的颜色、形状、材质以及文字（字体、广告文案）等。如果是追求自然的食品，与黑色或红色相比，令人联想到树木的茶色或绿色，以及令人联想到蓝天与碧水的蓝色效果更好。关于文字，所写的内容自不必说，字体也会影响给人的印象，因此必须实际制作出包装模型，进行充分的研究。

在包装方面尤其重要的是容器的选定。我们这种小店，要制作专用的容器终究不现实，所以要选用既有制品。

▶ Bejidore的包装瓶

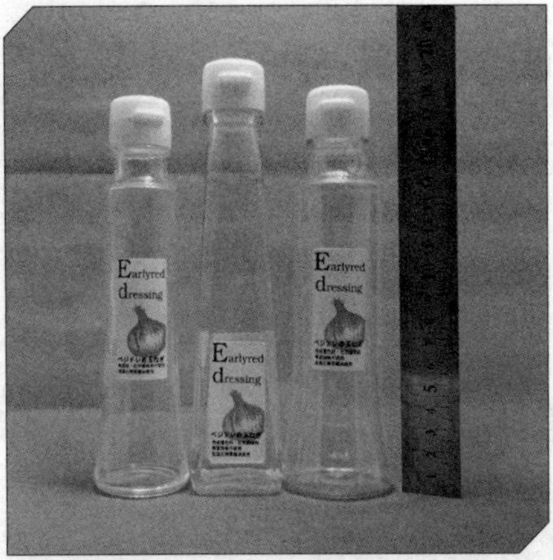

现在使用的包装瓶。容量从左至右为100ml、120ml、200ml。120ml的包装瓶高度为12cm，看上去很美观。现在零售店销售的主要是这个型号。

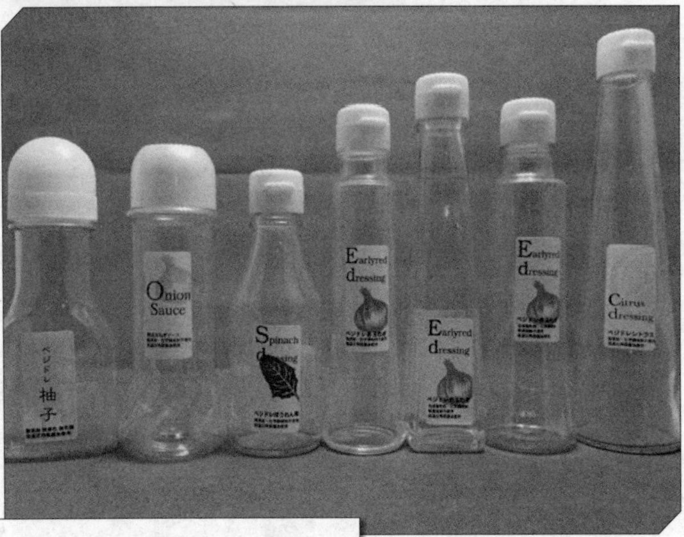

左边2个容量为180ml，右边为200ml。虽然只有20ml的差别，但看上去差别很大。即便容量相同，顾客也有选择“看上去容量大”的倾向。

标签设计是商品的代言人

标签是自己的代言人，吸引眼球的文字令人印象深刻

如果是在卖场进行试吃销售，就可以将自己的商品特点传达给顾客，但如果只是在卖场陈列商品，包装瓶上贴着的标签就成了自己的代言人。

由于面积小，只能容纳最低限度的信息，所以关键点在于写入什么样的信息才能发挥最大效果。

Bejidore 的标签也从发售当初经历了逐渐的转变。

最初标签上只印有商品名称（如第 117 页照片左）。现在想来，这样的标签缺少冲击力，也无法让顾客在短暂的瞬间识别商品。如何在宽 25mm、长 53mm 的标签上写下自己想要传达的全部信息，我是想象不出来。

我试着给人留下印象，于是有了中间的塑料瓶。这是个有着优美线条的包装瓶，我觉得如果胡乱贴上写满信息的标签反

▶ Bejidore的标签转变

而不会给人留下印象，于是设计了简单的图案。照片右侧是玻璃瓶，增加了一个印有文字的标签。

沙拉酱汁的卖场如同战场，各种各样的商品都在使用尽可能吸引人的表达方式。多数标签绚丽缤纷，标签有时因为朴素反而更加醒目。我们在 120ml 的包装瓶上方贴上了强调自己特点的标签，将“原材料半数以上为蔬菜与水果的美味沙拉酱汁”凸显出来。

食品标识标签的制作（原材料表、赏味期限等）

食品标识标签有法律规定

有一种标签大多贴在包装背面，我们称之为背面标签，就是通常所说的“食品标识”。

食品标识只是一枚小小的标签，但是如同后面将讲述的内容，多达4个省厅的法律对此做了有关规定，如有违反将受到法律处罚或行政处分。

《食品卫生法》规定，针对违反标识的行为，自然人将被处以2年以下徒刑或者200万日元以下罚金，法人将被处以1亿日元以下的罚金。《日本农业标准法》规定的处罚，为自然人被处以1年以下徒刑或100万日元以下的罚金，法人被处以1亿日元以下的罚金。所以对标签绝对不能轻视。

▶ 食品标识标签上记载的内容

致敏物、混入物标识

负有标识义务的致敏物质有7种，分别是蛋、乳、小麦、荞麦、花生、虾、蟹。即使原材料不使用小麦，因为酱油使用小麦制造，也需记述为“部分原材料含有小麦”。

如果同一生产线使用致敏物质，就有可能混入该致敏物质，所以如果同一生产线使用花生时，就需记述为“本品制造厂生产线上有含花生的产品”，以引起注意。

赏味期限/消费期限

标识消费期限、赏味期限两种中的一种。如果记载赏味期限（或消费期限），期限需要记载年月日。例如记载为“赏味期限：平成26年9月9日”，“赏味期限：14.09.09”或者“赏味期限：14.9.9”。这里的“14”为“2014”的末尾2位数字。标记困难时，也可以标记为“赏味期限：260909”“赏味期限：140909”。

JAN码

就是所说的“条形码”。向零售店批发时需要该码，因此需要注册申请（如果是在自家店铺或网络销售则不需要）。申请时将会被给定一个固定号码。需要生成条形码时，只要在固定号码后面将最后3位数设定为001至999的任意号码即可。最后的1位数被称为检验数码，在输入号码时自动生成。注册申请书附有详细的小册子，可到附近的商工会购买。在开始研发商品后尽早申请。

识别标识（回收标识）

为了便于资源的分拣与回收，容器包装为塑料容器、纸制容器、PET瓶、铁罐、铝罐等时，识别标识需按照《容器包装回收法》进行标识。Bejidore的120ml容器为玻璃制，瓶盖为PP（聚丙烯）制。

▶ 与食品标识有关的省厅与法律

厚生劳动省管辖的法律

- 《食品卫生法》
  为了防止饮食导致的卫生方面的危害，须标识名称、食品添加剂、保存方法、赏味期限或消费期限、制造者姓名与住所
- 《健康增进法》《药事法》
  禁止标识与健康有关的夸大广告、药效

农林水产省管辖的法律

- 《JAS法》（原农林物资的规格化与品质标识的合理化有关的法律）
  规定了消费者能够恰当选择商品的信息标识。主要内容为原材料名称、食品添加剂、原材料产地名称、容量、消费期限或赏味期限、保存方法等。转基因、有机食品的相关规定也是《JAS法》规定的内容

公正交易委员会管辖的法律

- 禁止夸大标识与虚伪标识

经济产业省管辖的法律

- 《计量法》
  对容量等标识进行规范

2015年4月，将《食品卫生法》《JAS法》《健康增进法》统一为一部法律的《食品标识法》开始实施。不过，作为向新标识法进行过渡的期间，设置了5年的宽限期。

《食品卫生法》增加了标识营养成分的义务。需要标识的5个项目分别为每100克所含能量、蛋白质、脂肪、碳水化合物、食盐相当量（钠）。

由于增加了营养成分标识，现行的标签面积不足以写明，因此我准备更换包装瓶，同时让标签焕然一新。

按照新的食品标识法，原材料中的食品添加剂必须另外记述以便识别。另外，致敏物质需单独记述，例如“酱油（含有小麦）”。还有，如前所述，需要标识5个项目的营养成分。

商品说明书、宣传单、宣传册的制作

商品说明书的制作（原料规格、检测规格、作业工程表）

向零售店的人员推介商品时，除了策划书，还需要汇总该商品信息的“商品说明书（规格书）”。再进一步，如果有原料规格书与检测规格书就堪称完美了。

有时对方也会要求出示作业工程表，事先做好制作商品的完整流程图就能顺利应对。特别是参加特卖会时，当地保健所要进行审查，有时会被要求提交微生物检测结果与作业工程表，所以不要疏于做好这些准备。

宣传单必不可少

请大家一定事先制作载有商品照片、特点、使用方法的宣

▶ **应该事先做好的材料及其内容**

说明书

罗列商品名称、商品分类、售价、容量、条形码、原产国、制造商（销售商）、制造商（销售商）地址、电话号码、负责人姓名、营业执照、包装材料、致敏物质、混入物标识、赏味期限的设定［保存方法、赏味期限、赏味期限的根据（活菌检测、化学检测、感官检测）］、商品特征（与其他商品的不同及优势）。

最好写明最低发货量与包装形态。

原料规格书

记述所用的原材料名称、原材料信息（厂家名称、原产国或产地、是否转基因、致敏物质等）。Bejidore因为不含食品添加剂，所以没有关于食品添加剂的记述。

检测规格书

记述食品的微生物（活菌）检测、化学检测、放射能检测等的检测结果。另外，只要不是加工品，需要记述是否使用农药、是否使用抗生素等。

传单。这种宣传单可以在推销时使用，也可以在销售商品时发

	产品规格书	制表日期: 2015 年 8 月 20 日 改定日期: 年 月 日 改定日期: 年 月 日

商品名称	Bejidore胡萝卜	商品记号	
		JAN号码	4560377390273
商品名称片假名	(略)	标示内容量	120ml
商品分类	沙拉酱汁	原产国	日本
售价(不含税)	400日元	售价(含税)	432日元

制造者姓名 (进口者)	蔬菜料理梦 大瀧政喜	负责人	小野美穗
		TEL	03-5980-8701
制造者住址 (进口者)	东京都北区中里3-14-9-1A	FAX	03-5980-8701
		营业许可	餐饮业、副食制造业、调料制造业

过敏反应	□不含有致敏特定原材料		
	<特定原材料>	□蛋 □乳 ☑小麦□荞麦 □花生 □虾 □蟹	
	<推荐标示品>	□鲍鱼 □鱿鱼 □鲑鱼子 □鲑鱼 □鲭鱼 □牛肉 □猪肉 □鸡肉 □动物明胶 □山芋 ☑橙子□猕猴桃 □桃子 □苹果 □核桃 □大豆 □松茸 □香蕉 □芝麻 □腰果	
	混入标示	□有 □无	混入标示内容

赏味期限设定	保存方法	□常温 □冷藏(10)℃以下□冷冻( )℃□其他( )
	赏味期	□出货起 □解冻后 □制造起(90)天
	期限根据	☑细菌检查□化学检查( ) ☑官能检查□其他( )

商品特点	与市面上销售的商品的不同及优势
这种胡萝卜沙拉酱汁中，蔬菜与果汁的含量占原材料的52.4%。由于蔬菜含量多，蔬菜中的纤维聚集于容器上部，沙拉酱汁略微难以倒出。现在的比例已经是我们多次改良的结果。本品不含合成色素，不含食品添加剂，不使用化学调味料。菜籽油使用的是澳大利亚产的非转基因菜籽，在日本国内经低温压榨。蔬菜从签约农家直接采购，均为有机无农药栽培。生产者或者取得了JAS有机认证，或者虽未取得JAS有机认证，但有栽培记录。本商品的开发初衷是希望让不喜欢吃蔬菜的孩子或大人喜欢吃蔬菜。	市面上的主流产品通常采用可以长期常温保存的加热杀菌方式。本公司的产品是未经加热的生鲜蔬菜沙拉酱汁，最大限度保留了蔬菜的风味。而且其中油脂的含量不到整体的30%。另外，所用菜籽油使用了非转基因菜籽，经古法低温压榨。目前在日本几乎不存在用非转基因菜籽、低温压榨的菜籽油制作而成的沙拉酱汁。还有，本产品使用的不是糖，而是风味浓郁的蜂蜜。

商品照片	整体标识

原料规格书

填写日期：2015年8月20日
No.

商品名称：Bejidore胡萝卜

No	原材料名称	原材料信息				备注
		厂家名称	产地	原产国	转基因	
	菜籽	高田精油所	熊本县	澳大利亚	X	
	胡萝卜	筑波之风	茨城县	日本	X	产地不变
	圆葱	自然农法	北海道	日本	X	
	橙汁	兼松新东亚食品	西班牙	西班牙	X	纯果汁
	酿制醋	旗克格	东京都	日本	X	
	蜂蜜	熊手蜂蜜	中国	中国		HACCP、抗生物质检查、异性化糖混入检查、规格适合
	酱油	旗克格	东京都	日本	X	
	盐	美味与健康	石川县	日本		Nejima海盐

检查规格书

检查机关（ ）

营养成分	
能量（kcal）	kcal/100 g
蛋白质（g）	g/100 g
脂肪（g）	g/100 g
碳水化合物（g）	g/100 g
钠（mg）	m/100 g
其他（ ）	

检查机关 （ 食品微生物中心 ）

检查规格			
	检查项目	检查基准	检查频度
细菌检查	一般活菌	低于300 /g	
	大肠杆菌群落	阴性 /g	
	大肠杆菌（E-coli）	阴性 /g	

农药使用的有无： 有□ 无□
<使用农药名称>

抗生素使用的有无： 有□ 无□
<使用抗生素名称>

给顾客。

宣传单上必须记载订购方法。很多顾客使用智能手机订购，所以一定要印上二维码。

如今在线购买的印刷服务很便宜，建议大家不要一次印制太多，应该在不断改良的过程中每次进行少量印制。

制作宣传单不需要使用设计师专用软件，写策划书时用的 PowerPoint 就可以。

▶ 用PowerPoint制作的宣传单，
可以发给零售店与顾客

邮费与批量、包装形态的优化设置

如何考虑邮费

一鼓作气地进行完商品研发后，面临的问题是如何对其开展营销。也许你对于菜式的制作与装盘都信手拈来，但在外部销售时遇到的都是前所未曾经历的事情。成本核算与销售价格已经在前面进行了讲述，这里我们将考察其他经费问题。

首先，销售方法有直销与批发销售两种。所谓直销，就是在自家店里或网店里直接销售给顾客；批发销售就是销售给批发商或零售店。

销售对象最介意的是邮费。我们与网售大公司不同，做不到“不论购买金额全国包邮”。

将 500 日元的商品从东京寄送到名古屋，常温寄送需要 756 日元，冷藏寄送需要 972 日元。与特地从名古屋到东京来买相比，这样的邮费便宜得多，但冷藏邮寄时邮费接近商品价格的两倍，这不现实。简单计算一下就会发现，500 日元的商品就变成了1256日元，冷藏寄送则是1472日元。

最低批量与包装形态的设定

批发销售时需要设定最低批发量。用一定的折扣率决定批发价格。通过设定利润率的下限方式，自动设定最低批发量。

用Bejidore作为例子，假设对方订购了24瓶120ml的Bejidore，如果不收取实际所需的邮费，就达不到利润率的下限。也就是说，这种场合如果包邮很难抵消邮费。但如果设定最低批发量为40瓶，就能够勉强负担邮费。即便是这个最低批发量，如果运到北海道或九州地区也很难包邮。

最好的解决办法就是让买方负担邮费，但现实中很难做到。

实际上，决定最低批发量时，需要考虑邮费、数量、包装用纸箱的平衡。为了确保合理利润，应该将上下幅度容许在多大范围内？我们在对这个问题进行检验的过程中确定最低批发量。邮费是由纸箱的尺寸决定的，因此将该尺寸作为设定基准比较合理。

容器与纸箱都是选购的现成制品，所以即便符合快递的尺寸，也未必与容器相吻合。这时的解决方法只能是专门定制纸箱。不过为了控制预算，只能尽量将商品装进现成的纸箱。

关于 Bejidore，我们偶然遇到了能够恰好容纳主打商品 120ml 包装瓶的纸箱。纸箱和邮费确定了，装箱数量 40 瓶也确定了，于是再度确认成本，规定最低批发量为 40 瓶。

Bejidore 通过冷藏邮寄送货，所以上限必须设定为高度 120cm 的纸箱，重量在 15 公斤以内。这一条件自动设置了可以寄送的上限，在这一范围内根据核算基准确定最低批发量。

▶ **最低批发量的确定方式**

❶ 确定商品的容量与价格。以批发销售为考虑因素，思考利润率

❷ 核算出批发销售时的包装邮寄费，再进行批发销售

❸ 考虑网络销售等直接销售时的包装邮寄费

⬡ 直接关系到利润的包装材料与邮费

包装邮寄费等成本由自己负担，还是由批发对象负担，这个问题也因销售额而异，但总体而言影响着大约 10%~20%的经费。物流费就是这样直接关系到利润。

经营餐馆的时候，价格通常是以成本为主进行核算的，这

一点其实蕴藏着风险。

在餐馆内提供料理的价格和批发销售有着很大不同，批发价至少要定为零售定价的70%，某些条件下要定为60%左右。

教科书上通常把零售价格的30%~40%作为成本指标，这是以综合加入了人力成本、房租、水电费等其他经费为前提。

决定价格与经营负担基准的是盈亏分界点。必须基于自己处于何种位置的盈亏分界点来进行判断。

开始对外销售后，就会产生批发价格、包装邮寄费等新课题。如前所述，根据不同的销售额可简单推算出成本增加10%~20%，毛利减少30%左右。这样累加起来，就能简单地降低成本。

如果大量采购包装材料就能降低单价，但必须考虑库存空间。至少在房租高昂的东京都内找不到储存场所。因此将成本控制在最低的做法是从包装材料店采购，或者如果附近有纸箱制造厂，就与他们就采购量与价格进行谈判后委托其制造。

关于邮寄费用，由于主要使用快递寄送，因此应该先向各个快递公司询价，再进行谈判并决定。现在也有一些价格优惠的新兴配送公司，如果条件合适，能够优惠很多。不过这种公司通常是常温邮寄，没有冷藏邮寄。

批量销售中包装材料、邮费以外的经费

“我们是小店，暂且只能向前跑”——基于这样的想法，我一路边跑边修正。实际上，开始商品生产后，要做的事情骤然增多，根本没有时间进行充分的思考。因此，如果最初就能抓住要点，定好前进的方向，轨道修正就会相应地容易一些。

与在店里提供菜式不同的是，批量销售需要在配送时附加如下经费：

①包装材料费（纸箱、泡沫等缓冲材料，胶带、打包带等）

②邮费（附加冷藏寄送费、冷冻寄送费）

③容器费用

④标签费用

关于容器费、标签费以及纸箱等费用，我在这里写下我的想法。

最初我们使用的瓶子（如第 134 页照片所示）是 180ml 的，注入沙拉酱汁后也不会流出来，很好用。但是瓶体、瓶塞、瓶盖加在一起将近 80 日元。一般说来，容器成本如果不能控制在 10%以内，就会压缩利润。我希望能够兼顾功能与设计，可是现成的制品往往高不成低不就。为了尽量将钱用在食材上，我

一直在寻找既便宜又美观的容器。

经费中容易被忽略的是标签。因为很小，标签可能给人廉价的印象，但实际上不能小觑。

Bejidore食品标识标签的打印，使用的是两台兄弟牌标签打印机。我们采用机中内置储存卡，即使不连接电脑，也可以使用内置储存卡内储存的数据进行打印。每张标签的成本是几日元。

问题是其他标签。如果最初就大量印制各种风味的标签，那么发生变更时就可能导致浪费，因此我们用彩色激光打印机打印在标签纸上。

实际上，从最初发售至今，我们已经对标签进行了5次微调。但现在的标签还是不能令我感到满意，所以现在暂且维持现状。将来为了削减成本只能一次性大量印刷标签。

现成制品的纸箱，根据尺寸的不同，不含税成本在90日元至160日元之间。

除了原材料、人力费、邮费的成本外，需要考虑进行成本削减的是纸箱等包装材料、容器以及标签。去沙拉酱汁卖场就会发现，有些商品给人一种控制成本的感觉，但我不希望自己的商品看上去成本低廉。

如果是日常使用的沙拉酱汁，给人一种质朴的印象也未尝不可，但如果有意打造礼品用商品，就无论如何都要注意外观。

▶ Bejidore最初使用的成本较高的瓶子

网售所需的经费

邮费在网售中也是关注点

在日本，开网店迅速且简单的办法就是租赁网店。如果有能力，自己设计网店也可以，但考虑到信用结算系统的繁杂，租赁网店要合理得多。租金各有不同，信用结算的代理手续费也各有差异，所以需要综合判断。

向大型网售平台申请开网店，也需要根据事业的发展类型做出判断。在秋田卖饺子的商家“饺天”（参照第157页），经过种种考虑最终在乐天开店，据说打开销路花了3年时间。大平台就是大平台，竞争很激烈。

网售中邮费是消费者在意的事情之一。标榜包邮的大网店越来越多。另外，有的网站达到一定购买金额后会给予一定的邮费优惠，或者包邮。

我在开始网售之前，从数家快递公司那里取得了报价。最初并不知道每个月的出货量，快递公司问起我也只能随便说个数字。最终我选择了邮费最便宜的快递公司。我们的沙拉酱汁是冷藏品，除了通常的邮费，还有最高为 648 日元的冷藏费，加上这笔冷藏费后，感觉邮费有些高。

幸运的是，我们的网店从开业之初就收到了很多订单，每天都有出货。

与大型销售网站不同，我们的网店一般不容易搜到，所以即使在搜索网站上进入排行榜，也不会带动网售营业额。不过，地方上的特卖会能够带动营业额。

在地方特卖会上出展，平均每个店一年两次左右，没有特卖会的时候，在网店上购买的顾客就会增多。但是，距离东京越远邮费会越高。特别是九州、北海道地区邮费很高。考虑到这种情况，我们规定每单超过 5400 日元包邮。此外在中元节、年末等时期，我们每年举办数次每单超过 2800 日元全国邮费一律 400 日元的活动。这种情况下我们负担的包装材料费和邮费大约占一半，九州与北海道地区则占半数以上。

之所以举办每单超过 2800 日元全国邮费一律 400 日元的活动，是因为 120ml 的 Bejidore 6 瓶礼盒装的价格是 2808 日元。

受赠礼盒的人如果对商品感到满意，下次就有可能自己购买。礼盒是让更多的人了解商品的契机，我们希望进一步增加礼盒的需求而举办了邮费打折活动。

另外，我们根据购买者购买金额赠予积分。每个月末我们将购买者按照购买金额分成 4 组，最多给予积分 10 倍的奖励，再加上每单5400日元以上包邮的优惠，实际上能优惠25%以上。

▶ 因快递种类不同邮费也不同

普通邮件

冷藏邮件

冷冻邮件

▶ 网店所需的经费

❶ 网店租赁费：每月3000日元左右

❷ 信用结算、便利结算、其他结算方式的费用：
基本使用费、手续费（销售额的3%～）

❸ 邮费：根据条件而异。需要谈判

❹ 包装材料费：箱子、包装纸、气垫、缓冲材料、胶带等，特别是纸箱，即使超出规定尺寸1cm，邮费也会增加数百日元，因此最好准备符合快递尺寸的多种规格礼盒用的盒子，缎带、标签等也要备好

特卖会所需的出展经费

去特卖会出展的时候，最起码需要商品、器材的运费与交通费。如果去地方还需要住宿费。比起将沙拉酱汁运送至特卖会场，现场制作、现场销售更能激起顾客的购买欲望。然而考虑到原材料、器材、容器等的运费，再加上材料也会出现损耗，如果不能达到预定的目标销售额，就可能收不抵支。Bejidore 由于原材料设有标准，无法在当地采购齐全，因此成本会上升。如果再在当地雇用导购，还要加上这项费用（人力费与交通费）。由于最低需要 2 人销售，如果我们店方是 1 个人参展，就需要雇用导购。

由于商品成本率与各项条件不同，多少会有误差，但地方的特卖会大致以日销售 10 万日元左右为盈亏分界点。

特卖会销售根据销售额的比例抽取提成。根据销售场所的不同，有时还要征收广告宣传费、备品费、卫生费。大的土特产展会有时负担 1 个人的住宿费，以及商品与备品的返送费，北海道与九州的展会在这方面做得尤其不错。

即使不是全额负担，运费也可以享受该百货店签约的费用标准，并且在展会后支付，因此返送费比通常的标准要低一些。另外对方还负担逗留期间的餐费。

导购费存在东京地区与地方的差别。即使在地方，如果要求导购去远离城市的场所（通勤时间超过1小时），有时对方会要求支付出差补助之类的费用，因此需要事前充分协商。另外，在合同中写入“支付是在特卖会销售额到账后”的条件，尽量将支出压缩在最低限度。

关于交通费和住宿费，要寻找特价票。虽然无法变更机票与新干线票的预约日期，但下面这种预订方式是最便宜的，那就是确定特卖会出展日期后立即预订。价格会因季节有所变化，但也比正常价格要便宜得多。

特卖会销售时，我们会征得百货店的许可（因为涉及个人信息），拜托顾客填写姓名与住址，以便发送下次特卖会的通知等。

我们在地方城市举办的4次特卖会上，收集了大约200人的顾客名单。在特卖会前发送邀请函后，特卖会时虽然台风临近，回头率仍然达到43%。

还有顾客询问下次特卖会的预定时间，并购买了足够在那之前使用的10瓶沙拉酱汁。一想到Bejidore获得了顾客的如此支持，我就感到心头发热。

▶ **特卖会所需的出展经费**

❶	到特卖会现场的旅费、交通费、住宿费、餐费 原材料、备品的运费
❷	快讯商品广告制作费、邮寄费、赠品费 （有时需要赞助百货店的传单费）
❸	当地销售员（导购）费 （交付给导购公司的手续费）
❹	现场的备品、冰箱冷柜、平台等的租赁费 （全国美食大会等特殊特卖会多为免费）
❺	特卖会主办者（百货店等）的销售抽成

申请国家补贴，用作研发资金

研发资金通过国家补贴来筹措

2013年10月，我申请“无添加剂干燥蔬菜沙拉酱粉的研发”的国家补贴，结果被批准了。这一新产品研发补贴将被用于支付三分之二的研发资金。虽然补贴的领取是在研发结束之后，但是三分之二的补贴对于小店而言，称得上是天助。

这一国家补贴由经济产业省等行政机关委托商工会联合会实施。各机关的网站登载有公开征集通知。前提是在被称为地区振兴机关的行政认定机关（银行、信用公库、中小企业诊断士、税理士等）的建议下进行研发。其中也有不需要地区振兴机关介入的国家补贴。

写策划书的窍门是多做图表，尽可能写详细。当然还需要具有现实性的销售计划。如果有具体的销售计划那就无可挑剔了。

也就是说，这个补贴是为开发新商品并进行“销售”设立的，不是为了补贴“研究开发”而设立的。

批准之后的支付申请书、业务报告书、会签文件、收支簿等的制作相当烦琐，但只要满足了要件，就能获得不需返还的国家补贴，还是很有帮助的。

这一申请也会成为写事业计划书的契机，所以即便不批准也无所谓，值得挑战一下。

补贴事业计划书

支援对象名称：布瑞恩特拉斯特有限公司

Ⅰ.事业计划

1.事业计划名称

营养价值高、保存期长、无添加剂的粉末蔬菜沙拉酱粉的试制品研发

2.计划研发的新商品或新服务的概要与特点

（本公司既有产品与竞争公司的区别。请清楚写明优势、全新性、独创性、独特性等）

本公司大约2年前开始销售沙拉酱汁业界首创的“蘸着蔬菜吃蔬菜”的生鲜蔬菜沙拉酱汁。现在全国百货店进行以特卖会为主的销售，获得了百货店的好评。作为在特卖会上销售2年的成果，回购率高，与其他出展商相比具有超群的揽客能力，因此最近全国著名百货店也纷纷与我们联系。与此同时，网络销售也得到了加强，本公司的生鲜蔬菜沙拉酱汁尤其获得了具有较强健康意识的女性的绝对支持。

本公司的生鲜蔬菜沙拉酱汁的特点在于，原材料的半数以上使用有机栽培的蔬菜与果汁，不使用任何添加剂、着色剂、化学调味料，并且所使用的是非转基因的低温压榨菜籽油。这种沙拉酱汁业界独此一家，而且实现了此前沙拉酱汁所未有的彩色化，外观具有冲击力，非常利于销售。只是由于使用生鲜蔬菜，商品的赏味期限为未开封状态下的短短90日，而且需要冷藏保存，这成为零售店销售的瓶颈。

本次计划研发的“无添加剂粉末蔬菜沙拉酱粉”，以上述条件（菜籽油和色彩除外）为基本条件，将蔬菜进行脱水干燥，提高其风味与营养价值，延长商品的保存期。

现在在市面上销售沙拉酱粉的，有主要用盐和香辛料调制的2家公司，和用盐和香辛料再加上化学调味料或各种精素、干燥罗勒或香芹菜调制的1家公司。

但是本公司这种用有机栽培的干燥蔬菜制成的沙拉酱粉，市面上尚不存在。同样，作为无添加剂的沙拉酱粉，是市面上尚不存在的全新商品。

1）优势

现在市面上还没有以干燥蔬菜为主的沙拉酱粉或无添加剂沙拉酱粉。本公司自2年前开始在全国展开销售的生鲜蔬菜沙拉酱汁“百吉多来”具有知名度，在销售干燥蔬菜沙拉酱粉（暂称Doladore）方面处于开展销售的有利地位。

2）全新性

现有3家公司销售沙拉酱粉，使用盐、香辛料、化学调味料等添加剂制作而成，只是将既有的调味料进行调制而成的产品。本次将要研发的是本公司2年来销售的生鲜蔬菜沙拉酱汁的进化产品，同时本公司也在干燥蔬菜的制造技术实验中积累了经验。使用干燥蔬菜制作的沙拉酱粉尚不存在，全新性很高。

3）独特性

本公司开发生鲜蔬菜沙拉酱汁的出发点是，让不喜欢蔬菜的孩子与成人喜欢上吃蔬菜。也就是扎根于食育与医食同源，为消费者提供安全的食品。因此我们将使用有机栽培的蔬菜与添加剂为零作为研发的条件。竞争公司为了控制成本而使用食品添加剂，我们与这种商品泾渭分明。我们的商品所用的是与签约农家从种子阶段就不断沟通，可谓追求极致。此次计划开发的无添加剂蔬菜沙拉酱粉也将同样追求极致。另外，我们此前的商品不利于保存，本商品由于是干燥粉末，将利于保存。

4）独创性

我们的沙拉酱粉的目标不仅是安全、美味、无添加剂，还有功能性。作为功能性食品素材，其中将添加橄榄叶、樱花、柚子籽、紫苏籽。由于是粉末，便于各种料理的使用，会让料理也蕴藏着无限的可能性。

第 6 章

如何拓宽销路、增加销售额
营销与销售实践篇

设定销售目标与产能

朝着什么方向努力

接下来，在推进商品研发、加速开展外销前，请想一想希望3年后、5年后的自己将会是什么样子。我觉得餐饮店在开展外销方面，将会面临如下3个选择。

①餐饮店和外销兼顾的战略

小餐饮店既没有大规模设备，也没有人才，因此在可能范围内兼顾，营业额也应该会比现状有所增加。这是在现状基础上增加营业额的战略。

②餐饮店和外销分别开展的战略

这种战略需要在某个时点增加设备投资和人才，是随着销售情况的变化，将外销确立为另一桩事业的战略。必须看准商机。

③改变事业形态，专注于外销的战略

我现在就是这种形态。我的餐馆在 2013 年停业，现在专注于外销。

最初，我在做店内销售和网售的同时，也面向零售店批发，一年后又开始去百货店等地开展特卖会销售。

特卖会销售持续的时间，短的 1 周，长的达 2 周，所以进行特卖会销售的话就只能停业。如果一个月出展 2 次，加上准备时间和差旅时间，这一个月餐馆就几乎处于停业状态。曾有一年的 1 月和 2 月，我的餐馆几乎处于停业状态，两次刷新了开业以来的最低营业额记录。

Bejidore 的销售在稳健增长，但那时我还不确信能够单凭外销一项经营下去。后来 Bejidore 的制造与销售占据了我的大量时间，终于到了无法兼顾餐馆的地步。

我绝对不是因为游刃有余而停业，而是陷入了为了生存下去只能倾尽全力的窘境而停业。正因为这样逼迫自己才有了今天。如果我一心两用地既经营餐馆又开展外销，结果可想而知。

现状产能与目标产能

最近经常有中间商问我，现在的产能是否还有余裕。我们的产品都是名副其实的手工制作，毫无疑问每天的生产量有限。

埼玉县埼玉市的芝士蛋糕专卖店“Dante”原本是意大利餐馆，其甜品芝士蛋糕因为原材料考究，没有添加剂，很受顾客欢迎。于是他们应顾客要求，开了这家芝士蛋糕专卖店。现在他们在3个店铺以及“乐天”“雅虎商店”的网络平台上，销售可以饮用的芝士蛋糕“Latteo”，以及用熟化古酒、酒粕与大米制作的“八极”。他们将经营业态从餐饮店转变为芝士蛋糕专卖店，销售方式包括店内销售、特卖会销售以及网售。

“Dante”：埼玉县埼玉市浦和区元町1-31-15

如果搬到别的地方，新开生产线，并且增加人手，产能有可能增加，但在现状下，即使增加人员，生产量也无法达到现在的2倍。

除了Bejidore，我们还接受其他公司沙拉酱汁的委托制造，以及商品研发的商谈与委托，因此我们决定设置一个游刃有余的目标产能。尤其是原材料蔬菜受天气、气候等影响，做好风险应对非常重要。

将产能明确告知批发对象也非常重要。小店往往有逞强的倾向，如果接受了超出产能的订单，交不出宣传单上登载的现货，就会成为大问题。事先将这些传达给对方，也能防止对方提出无理要求。

如果不能在把握生产现状的情形下实现所设定的目标产能，事业就无法扩大。这就意味着必须考虑到将要超过产能时的应对方式。这说起来简单，但实际上我觉得非常难。

我们多次将制造工程换算为时间。蔬菜的清洗、切菜、调配、包装瓶的灌装、贴标签（这一项相当费时间）、打栓、发送凭证、交货单的制作、打包等，测算直到发货状态所需的时间来计算产能。同时还要考虑蔬菜的进货状况、订单状况，确定前置时间（lead time）。所谓前置时间，是指从接受订购到给供应商交货所间隔的时间。

刚开始销售沙拉酱汁的时候，我们采用的是接到订单后立即制作的方式。这种方式效率很低。无论从进货方面，还是从操作效率方面来看，都造成了很多浪费。确定了前置时间后，订单也汇总起来，就能够高效制作并发货了。

店内销售战术

我在自己的餐馆内销售 Bejidore 的时候，曾经有一天，来店的所有顾客都购买了 Bejidore（按组数计算）。按照销售个数计算，那时平均每天销售 10 瓶左右。

我知道这是个很小的数字，但想销售更多，首先要让顾客了解它的味道，于是我便专注于此。我开始在午餐提供沙拉的时候，让顾客试吃所有种类的 Bejidore。喜欢加多少，就可以加多少。

对于试吃后感到满意，购买回家的顾客，我都会打声招呼：“我给您拿刚做好的。”

店内销售非常重要。之所以说重要，是因为这是最能和购买者进行交流的场所。

我们的很多固定顾客堪称店里的粉丝，他们具有成为最强后援团的素质。

曾经发生过这样的事情。一位夫人和她的美国丈夫来店里吃午饭，原本不吃生蔬菜的她因为 Bejidore 开始吃生蔬菜了。几年后她要移居夏威夷，特意带 Bejidore 去夏威夷开试吃会，然后把夏威夷试吃会的意见与希望详细告诉了我们。还有顾客将 Bejidore 作为婚礼的伴手礼使用。

作为对来店购买的顾客的珍视，我们在开始外销之后，降低了店里的销售价格。我们的初衷是“将顾客来店时花的电车费回馈给顾客”，我想这一点点优惠，也有可能使他们成为我们的后援团。

店内销售并不是只要摆上商品就万事大吉。店内销售时的沟通也适用于针对零售店所进行的批发销售和特卖会销售。希望大家把它当作进行促销研究的场所来努力。

因此，一定要对顾客的宝贵意见进行总结。营业时间通常忙于各种事务，重要的是，哪怕简单列个条目也一定把顾客的意见记下来。几乎所有大型销售网站都列出了长长的顾客评价，只要是中意的商品，买家都会有所反馈。

网络销售战术

网络销售的定位

经常有人问我网络销售的事情，我总是给出同样的回答。

开始网络销售后，订单不会立即纷至沓来。与在乐天市场、雅虎商店等大型网上商城开店不同，独自开店的时候，完全没有揽客能力。就好像在博客、脸书上销售一样。

我对网络销售的定位是，将它作为接受地方特卖会买家回购的场所。地方回购者的特点是，很多人将它作为喜事贺礼的回礼。

Bejidore 适合作为礼品使用，至少中元节、年末、年初的时候需求相当大。令人感到意外的是，用作母亲节礼物的需求也很多，也有用作婚礼伴手礼的。今后我们准备增加可以用于礼物的产品，还有用作小礼品的 2 瓶套装与 3 瓶套装。120ml 的 2 瓶套装定价 864 日元，3 瓶套装 1296 日元。偶尔也有顾客只购买 1 瓶 200ml 的，由于邮费较高，我们会附送赠品。

我觉得小店即使单独开设了所谓网络销售的销售渠道，运营也并非易事，可能比经营实体店更难。

实体店由于店前有人流经过，人们知道它的存在。但想让自己的网店出现在普通人的电脑或手机上，却是困难至极。

用什么带动网店销售

即使奇迹般地出现在搜索结果前列并有人点击，如果内容不吸引人，其与购买相联结的可能性也不高。

我们的博客读者众多，因此在博客上宣布了网络销售的开始。然后，在网售开始的2011年8月23日零时那一刻，订单就来了。

即使采用SEO（搜索引擎优化）对策，让店铺排在搜索结果前列，也不意味着销售能成立。小店单独开网店时，要想确保销售额，就必须让具有购买动机的顾客了解自己。我们将在第156页介绍比较有效的方法。

另外，在社交网站上发布销售信息时，过分推销容易让顾客敬而远之，这一点需要注意。

网络销售中结算方法是关键

我们的网店开设当初，结算方式只有“银行转账”，顾客觉得不方便。之后我们在2011年12月扩充了支付方式的选项，设定了“信用卡支付”与“到货付款”。这是通过与配送公司签约实现的。这种信用卡结算手续费低廉，很有吸引力，但手续烦琐，有顾客开始反映“不了解支付方法”。而那时信用卡支付的订单在增加，所以我们变更为与网店运营公司进行合作的信用代理商。这样每个月的手续费率有所提高，需要支付一定的运营手续费，而且网站与我们的结算也延迟到大约2个月之后，形势有些严峻，但很多顾客反映这种支付方式比较便利，因此我觉得变更结算方式还是正确选择。

▶ **如何让顾客知晓自己的网店**

❶ 利用博客等社交媒体发布信息
❷ 在特卖会或集市上散发宣传单， 将其作为接受回购的窗口
❸ 在餐馆的主页上加入链接
❹ 请熟人朋友在社交账号上加入链接
❺ 在商品信息网站上加入链接

因为餐馆附近另行铺设了迂回道路，秋田县由利本荘市的“奥州拉面”顾客锐减。为了将商圈扩展至全国，他们决定开始网络销售。于是开始研发饺子。为了和竞争店相区别，他们开发了“用于喜庆场合”的红白饺子。限定所用原材料为以当地秋田县为主的国产食材。制作出了不使用任何食品添加剂的无添加饺子。一款让顾客产生购买动机、与其他产品相区别、价位适中的商品就此完成。

“奥州拉面”没有选择独立开设网站，而是在对雅虎、亚马逊、乐天市场进行研究后，选择了乐天市场。网店起名为“饺天”。在大型网售平台乐天上开店并非一开始就畅销，开始畅销前经过了3年岁月。其间，他们一改饺子需蘸汁食用的概念，在饺子不用蘸汁就很美味方面狠下功夫，并且开发了特制的味噌汁，彻底让自己的产品区别于其他产品，结果在乐天市场的饺子、中华点心、副食等3个部门中排名第一。无论商品多么畅销，他们都不采用工厂生产，而是将手工制作的方针贯彻到底。

集市、洽商会、展销会等的销售战术

集市的特点

外销中门槛最低且能与顾客进行直接交流的是集市。现在日本全国有相当数量的集市。与百货店的特卖会相比，集市无论在精神方面还是金钱方面都比较轻松。只要在网上搜索就能获知举办场所等信息，我建议大家先去看一看。只要发邮件询问，就能获知出展方法。出展之时，要准备简明易懂的商品说明宣传单。

洽商会的特点

还有洽商会，这是将卖家和买家汇集在一起的活动。我参加的洽商会汇集了百货店、超市以及其他零售店的买家。买家对 Bejidore 的意见各不相同，比如“不能常温保存就卖不动”“即使需要冷藏且赏味期限短，只要畅销我们就采购”等。百货店与超市的买家意见各不相同，可以作为今后制定销售战略时的参考。当然，与买家的相遇作为确保销售对象的方式，对加速事业发展是必要的。

展销会的特点

为展销会需要准备商品样品、宣传单、规格书。会有很多人询问批发价格。

由于出展费较高，我没有单独参加过东京国际展览中心等举办的展销会。但我的批发对象有很多人出展，我拜托他们将我们的样品带到展销会。

去以 FOODEX（东京国际食品展）为首的展销会，可以看到并试吃来自全世界的珍奇食材。由于到场的人很多，即使我们表示出兴趣，有时对方也接待不过来，但我觉得只要能见识一下各种食品的销售手法，也值得考虑一下。

此外，集市、洽商会、展销会上可能找到开发合作的契机。Bejidore 就曾因与出展商的相遇而研制了新的风味。展销会作为买家与生产者的联结场所很重要。

特卖会的销售战略

什么是特卖会销售?

百货店等的特卖会分为在食品卖场划出特卖区域的“普通特卖会”，和在特设会场举办的“物产展”。到物产展去设展并非易事，但如果在普通特卖会上业绩骄人就会获得邀请。物产展中食品是一大展类，揽客能力不可小觑。

普通特卖会由于在地下食品卖场举办，销售额会受到该卖场特性的影响。尤其是傍晚之后购买晚餐的人很多，人流聚集在降价的副食类。对于沙拉酱汁而言，傍晚之前是关键。反过来说，白天的顾客人群决定商品销售额。

去百货店的时候，请大家养成观察白天顾客人群的习惯。百货店因为不同选址有各自相应的集客能力，但有的店无论招揽了多少顾客，自己的商品就是卖不动。如果自己产品没有顾客群体，在这里再努力也打不开销路。

沙拉酱汁是嗜好性很强的商品种类，所以我打定“如果收支相抵，就当作广告宣传”的主意，果断出展。虽说如此，有时候也会出现亏损，尤其是消费税刚增税时，所受的影响相当大。

特设会场的物产展等特卖会，可以一直销售到特卖会结束。Bejidore 的销售记录，每次参加物产展都会更新。但不论是普通特卖会还是物产展，销售额受设展场所的影响很大。

某店由于在设展的店铺布局方面用了心思，很好地设计了顾客的动线。该百货店上自部长下至股长都很了解 Bejidore。实际上，为了卖得好，让销售对象了解商品是最重要的。

另外，曾经卖得好的场所，下一次也未必卖得好。即便如此，也有改善方法。那就是每次制作能够切实促进销售的顾客名单。特卖会不是日常活动，顾客的回购率很高。如果是地方的特卖会，通过网络销售进行回购的人也不少，但无论如何顾客都会自然消减，所以要注意经常补充名单。

销售心得

去特卖会的会场，是不是有一种赶庙会的感觉？其实物产展本身就是庙会。在进行商品销售时，必须充满活力，尽量让顾客试吃。要说试吃有多重要呢？以 Bejidore 为例，试吃的顾客中约有九成人会购买。物产展上，人们还是比较关注平常买不到的商品。

首次进行特卖会销售时，我身心俱疲。明明在自己店里卖得很好，为什么在特卖会上卖不动呢？我百思不得其解。

这里面有各种原因，比如特卖会现场的地理位置导致顾客人群不同，不能一言以概之，但我不能让经过的顾客驻足停留，仿佛在激流面前木然伫立也是其中一个原因。

经过一番摸索，我开始在 Bejidore 的试吃销售中，将蔬菜中心挖空，然后在凹陷处注入沙拉酱汁。使用这种宛如调色板一般的盘子后，就吸引了顾客注意力。

确保面前的顾客进行试吃后，人数开始逐渐增加。人群聚集之后，人们就会感到好奇，于是越聚越多。因此，要尽量使人群聚集并持续较长时间。

那么，如何让人群长时间聚集呢？那就是，尽量拉长试吃所需的时间。

不同的食材使用的方法各不相同，例如增加试吃量，使用叉子的地方采用牙签，给汤汁加热，吃完后再拿出下一份……这些方法都可以考虑使用。

能够让顾客驻足停留的、引人注目的商品展示也有很好的效果。如果能够营造立体的展示效果，会显得很有量感，自然能够吸引顾客的目光。

Bejidore由于是冷藏品，所以是摆在冷柜里展示。冷气覆盖的范围有限，很难营造引人注目的立体展示效果。不过我用心思考了讲话艺术，想方设法让顾客停下脚步，邀请他们试吃，引导他们购买。

在广岛福屋八丁堀本店特卖会“全国美味大会”上出展时的商品展示。
通过使用篮子尽量让陈列有立体感。

百货店等的特卖会的营销方法

我首次去百货店的特卖会上设展，是在9年前销售进口冰激凌的时候。经人介绍，我带着样品去拜访了特卖会负责人。那之后的特卖会营销，我都是先打电话咨询，然后约好时间带着样品去拜访商谈。

最近百货店、零售店铺的主页上，纷纷设置了专供营销人员咨询的网页。营销人员可以把自己的商品特点以及卖点写在上面发送给对方。

对方大致会在数日内回复，但也有网页会注明“一周之内没有回复即为不采用”。

我有时会收到声称“现在不采用沙拉酱汁”的回复。不看商品照片与实物，需要仅凭文字就做出判断，这种营销比特卖会上的实际销售还要难。经人介绍后实际会见商谈是最好的做法。从这方面来看，洽商会与展示会堪称非常有效的手段。

另外，要正确告知自己的销售情况。如果只在自己店内销售，每天卖3个，为了面子好看而写成10个，那就糟了。

餐饮店内每天只卖3盘的菜式属于不畅销的菜式，因此“最少要写10个”这种心情可以理解，但是零售店里每天销售10个的商品，如果25个营业日能销售250个，就成了热销商品。这一点和餐饮店的认识有出入，所以在营销活动中一定要确保销售数量的真实性。

▶特卖会上的现金流程

●直接交易

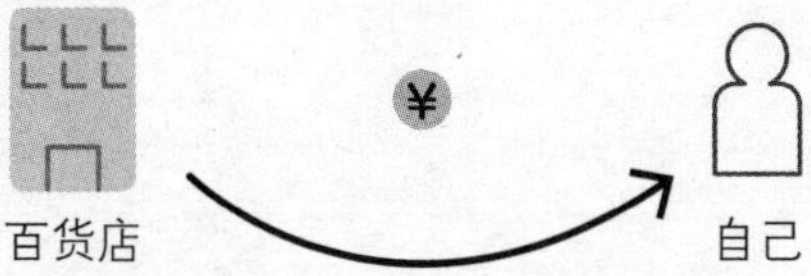

决定进行特卖会销售后，开设交易账户。一般而言，特卖会期间的销售额一旦进入百货店的收银系统，会在被扣除规定的提成后转账到自己的账户。

●通过总账户的交易

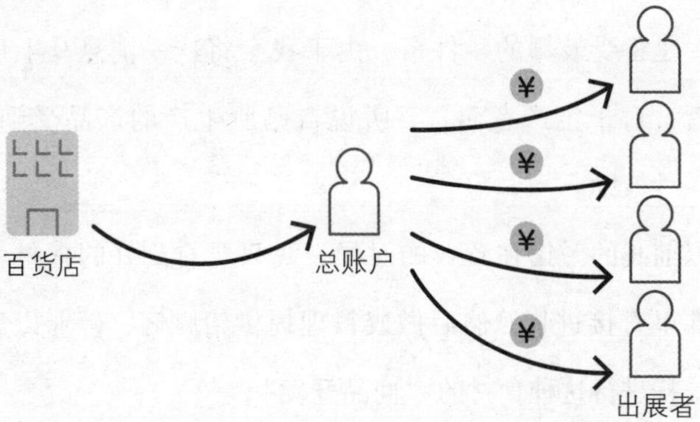

这是一种通过与百货店之间具有交易账户、将多个出展者集结在一起的“总账户”进行设展的方式。需要被扣除的不仅是百货店的提成，还有总账户的手续费。这种情况下选择信得过的总账户非常重要。

销售之外承接的商品开发业务

与生产者的合作

我经营餐馆的时候，看到品质高的产品，就喜欢立即将它做成菜式。做成料理并获得普通顾客的好评，对于商品开发者而言，是备受鼓舞的一件事。由于我会将这一消息马上反馈给生产者，对于生产者而言，听说自己所生产的产品受到好评，也是一种鼓励。

以前我的餐馆在营业的时候，我只要看到好的食材就从生产者那里直接进货，然后做成料理提供给顾客，停业以后，我开始受托进行这种食材的“商品开发”。

静冈县渔夫田中一先生从事捕捞樱花虾和小沙丁鱼业务。这种樱花虾和小沙丁鱼的味道非常好，所以我正在使用它们进行商品研发。

农林水产省正在推进农业的“第六产业化”（指从事第一产业即农业的人员，同时从事农产品的加工与销售，即第一产业+

第二产业+第三产业=第六产业)，但实际中会面临很多课题。这是搞多种经营，需要专业知识、技术，以及把事情做到底的意志。我和很多生产者谈论过这个话题，最终觉得专业的事情还是交给专业人员来做。

或许想做也能做，做出来的食品也会被人称赞好吃。但是，10 年、20 年在不断革新的同时进行经营实在是一件很困难的事情。

理解这一点的生产者经常来找我商谈商品开发的事情。

于是我开始着手豆芽的商品研发。

豆芽这种商品通常很便宜，最便宜的地方卖 1 袋 19 日元。

静冈县渔夫田中一先生的樱花虾

这种豆芽使用了乙烯（具有抑制生长作用），抑制豆芽原本的生长，使胚轴发育得很粗大。其特点是含有很多水分，味道比较淡。

与此相对，我们店里使用的是 NHK 曾介绍过的深谷著名的饭塚商店的豆芽。不使用药物，采用古法栽培。我将这种豆芽开发成具有附加价值的商品，命名为“榻榻米豆芽”。

171 页照片中最上面的照片是“榻榻米豆芽”12 克包装，含税 400 日元。可以略微烘烤一下食用，也可以配在沙拉或凉拌焯青菜上，或者冰激凌上食用。

我从饭塚先生那里拿到豆芽的营养素分析数据，发现其 γ-氨基丁酸（简称 GABA）的含量高达每 100 克 33 毫克。干燥的“榻榻米豆芽”的重量不到原重量的十分之一，因此 100 克中所含的 γ-氨基丁酸简单计算为 330 毫克。

此外，豆芽中含有多种氨基酸，尤其是谷氨酸含量丰富，因此可以考虑用作煮鲜汁的材料。粉状的“榻榻米豆芽”就是基于用作鲜汁料的想法开发的。

我深深为饭塚先生守护本地品种的想法、在豆芽栽培中投入的热情以及豆芽的生命力所打动，决定赋予豆芽更高的附加价值，以改变其现有的不合理价格，这也成了我研发商品的原动力。

元祖日本初
深谷もやしで作った
たたみもやし
日本うるわし食堂

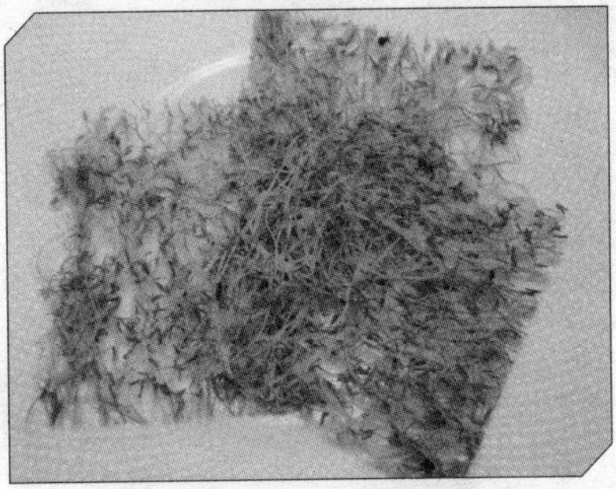

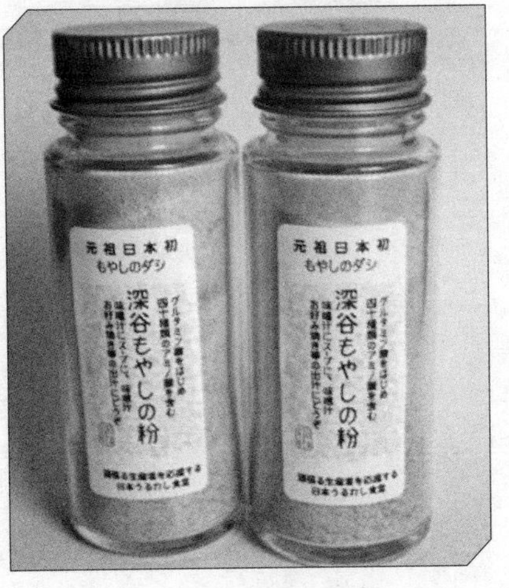
元祖日本初
もやしのダシ
深谷もやしの粉
元祖日本初
もやしのダシ
深谷もやしの粉

餐饮店店主、食品开发人员处于生产者与消费者之间的立场，如何将这种正宗产品提供给消费者是他们的职责所在。

豆芽的生产者饭塚社长与我

深谷豆芽

海外销售不再是梦

今后可以想见的市场

2013年与2014年，我与Bejidore的联合开发者小野美穗，在加利福尼亚州伯克利举办的慈善晚宴上，作为厨师长制作了料理。这个慈善晚宴的收益被全部捐赠给了福岛县的儿童医院。

我们在从事志愿活动的同时，调查Bejidore在海外的反响，希望用于今后的研发。

参加慈善晚宴的有各种业界人士，晚宴获得了大大的好评。我们也收到了“这里能买到Bejidore吗”的问询，以及“我们想销售Bejidore”的申请。

基于以前从事进出口业务的经验，出口需要相应的时间与费用，于是这一次我们暂且保留，准备待日本国内销售步入正轨后，再转入海外销售活动。此外还接到了其他海外事务，今后的发展令人期待。

就这样，在选址条件恶劣的餐馆制作的 Bejidore 沙拉酱汁，被销售到北自北海道，南至冲绳的广大地区，如今又为 Alice Waters 所在的有机料理圣地加利福尼亚州伯克利所知晓。我们已经接到了希望我们网售 Bejidore 的要求。

我们的国际冷藏快递现在只局限于中国台湾、中国香港、新加坡 3 个地区与国家，我们正在考虑海外当地的销售方法。

Bejidore 销售至今已经走过了 4 年岁月。我现在强烈感受到，因为追求“美味、放心、开心、轻松”，我们开发出了太平洋对面的顾客也很喜爱的商品。这还是一小步，今后我们要积极向海外拓展。

▶加利福尼亚州伯克利的慈善晚宴

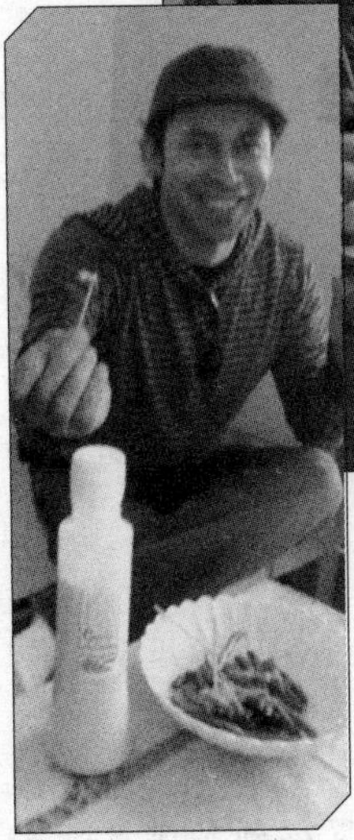

结语

保留食物原有的姿态是小餐饮店的生存之道

我现在在调查“日本的食物历史”。通过对照各种文献与自己的经验，我发现日本人自古以来就在食物的保存、消毒杀菌等方面，悉心钻研了很多方法。

例如，在生食的杀菌方面，日本人使用了日本原产的山葵（绿芥末）。在食物的保存方面使用了醋、生姜、味噌、盐、酱油等。食材基本上是地产地销。

但是，经济高速增长期形成了大城市圈，伴随着劳动力从地方向大城市的转移，保鲜剂与化学调味料等食品添加剂也应运而生，消费期限有了飞跃式的增长，食品开始流通到日本全国各地。由于这种革新，原本为慢餐的和食变成了快餐。

在这种大潮中，小餐饮店如果和大型餐饮企业做同样的事情，价格方面将分不出胜负。

我深切地感到，消费者也在回归原点。人们的追求从物质转向了时间，今后将追求制作者的心灵。

食物是保证人身体运作的基本。即使胃得到了满足，如果心灵得不到满足，也会失去精神的平衡。让人们的心灵变得丰富的，是饱含着制作者心意的食材与料理。能做到这一点的，唯有小店。

我现在关闭了餐馆专注于商品研发。因为餐馆里能够看到众多顾客的笑脸，所以我希望有一天能够再度开店。我曾经不得不在餐馆和外销中做出选择，无论选择哪一方，都可能陷入亏损，但当时让我感到光明前景的是外销。

如果开始外销，大家也可能不得不做出选择。

那时候需要考虑的是，为了将制作者心意传达给消费者，应该怎样行动。

无论是选择餐馆与外销兼顾的道路，还是选择分开经营的道路，或是专注于外销的道路，在传达制作者心意方面都是相同的。

如果决定了前进的道路，就坚定地走下去。

在此向一直以来支持我的家人、联合开发者小野美穗女士、众多温暖的生产者们、将我们的心意传达给顾客的零售店店员们、支持我的亲朋好友们，还有全国的Bejidore粉丝们，表示感谢。想起你们，我就感到心里充盈着难以言表的快乐。

在本书付梓之际，向总编古市先生，以及始终微笑回复我的众多无理要求的竹并先生，致以深深的感谢。

“服务的细节” 系列

《卖得好的陈列》：日本“卖场设计第一人”永岛幸夫

定价：26.00 元

《为何顾客会在店里生气》：家电卖场销售人员必读

定价：26.00 元

《完全餐饮店》：一本旨在长期适用的餐饮店经营实务书

定价：32.00 元

《完全商品陈列 115 例》：畅销的陈列就是将消费心理可视化

定价：30.00 元

《让顾客爱上店铺 1——东急手创馆》：零售业的非一般热销秘诀

定价：29.00 元

《如何让顾客的不满产生利润》：重印 25 次之多的服务学经典著作

定价：29.00 元

《新川服务圣经——餐饮店员工必学的 52 条待客之道》：日本“服务之神”新川义弘亲授服务论

定价：23.00 元

《让顾客爱上店铺 2——三宅一生》：日本最著名奢侈品品牌、时尚设计与商业活动完美平衡的典范

定价：28.00 元

《摸过顾客的脚才能卖对鞋》：你所不知道的服务技巧，鞋子卖场销售的第一本书

定价：22.00 元

《繁荣店的问卷调查术》：成就服务业旺铺的问卷调查术

定价：26.00 元

《菜鸟餐饮店 30 天繁荣记》：帮助无数经营不善的店铺起死回生的日本餐饮第一顾问

定价：28.00 元

《最勾引顾客的招牌》：成功的招牌是最好的营销，好招牌分分钟替你召顾客!

定价：36.00 元

《会切西红柿，就能做餐饮》：没有比餐饮更好做的卖卖！ 饭店经营的“用户体验学”。

定价：28.00 元

《制造型零售业——7-ELEVEn 的服务升级》：看日本人如何将美国人经营破产的便利店打造为全球连锁便利店 NO. 1!

定价：38.00 元

《店铺防盗》：7 大步骤消灭外盗，11 种方法杜绝内盗，最强大店铺防盗书！

定价：28.00 元

《中小企业自媒体集客术》：教你玩转拉动型销售的 7 大自媒体集客工具，让顾客主动找上门！

定价：36.00 元

《敢挑选顾客的店铺才能赚钱》：日本店铺招牌设计第一人亲授打造各行业旺铺的真实成功案例

定价：32.00 元

《餐饮店投诉应对术》：日本 23 家顶级餐饮集团投诉应对标准手册，迄今为止最全面最权威最专业的餐饮业投诉应对书。

定价：28.00 元

《大数据时代的社区小店》：大数据的小店实践先驱者、海尔电器的日本教练传授小店经营的数据之道

定价：28.00 元

《线下体验店》：日本“体验式销售法”第一人教你如何赋予 O2O 最完美的着地！

定价：32.00 元

《医患纠纷解决术》：日本医疗服务第一指导书，医院管理层、医疗一线人员必读书！ 医护专业入职必备！

定价：38.00 元

《迪士尼店长心法》：让迪士尼主题乐园里的餐饮店、零售店、酒店的服务成为公认第一的，不是硬件设施，而是店长的思维方式。

定价：28.00 元

《女装经营圣经》：上市一周就登上日本亚马逊畅销榜的女装成功经营学，中文版本终于面世！

定价：36.00 元

《医师接诊艺术》：2 秒速读患者表情，快速建立新赖关系！ 日本国宝级医生日野原重明先生重磅推荐！

定价：36.00 元

《超人气餐饮店促销大全》：图解型最完全实战型促销书，200 个历经检验的餐饮店促销成功案例，全方位深挖能让顾客进店的每一个突破点！

定价：46.80 元

《服务的初心》：服务的对象十人百样，服务的方式千变万化，唯有，初心不改！

定价：39.80 元

《最强导购成交术》：解决导购员最头疼的55个问题，快速提升成交率！

定价：36.00元

《帝国酒店——恰到好处的服务》：日本第一国宾馆的5秒钟魅力神话，据说每一位客人都想再来一次！

定价：33.00元

《餐饮店长如何带队伍》：解决餐饮店长头疼的问题——员工力！ 让团队帮你去赚钱！

定价：36.00元

《漫画餐饮店经营》：老板、店长、厨师必须直面的25个营业额下降、顾客流失的场景

定价：36.00元

《店铺服务体验师报告》：揭发你习以为常的待客漏洞 深挖你见怪不怪的服务死角 50个客户极致体验法则

定价：38.00元

《餐饮店超低风险运营策略》：致餐饮业有志创业者 & 计划扩大规模的经营者 & 与低迷经营苦战的管理者的最强支援书

定价：42.00元

《零售现场力》：全世界销售额第一名的三越伊势丹董事长经营思想之集大成，不仅仅是零售业，对整个服务业来说，现场力都是第一要素。

定价：38.00 元

《别人家的店为什么卖得好》：畅销商品、人气旺铺的销售秘密到底在哪里？ 到底应该怎么学？ 人人都能玩得转的超简明 MBA

定价：38.00 元

《顶级销售员做单训练》：世界超级销售员亲述做单心得，亲手培养出数千名优秀销售员！ 日文原版自出版后每月加印 3 次，销售人员做单必备。

定价：38.00 元

《店长手绘 POP 引流术》：专治“顾客门前走，就是不进门“，让你顾客盈门、营业额不断上涨的 POP 引流术！

定价：39.80 元

《不懂大数据，怎么做餐饮？》：餐饮店倒闭的最大原因就是“讨厌数据的糊涂账”经营模式。

定价：38.00 元

《零售店长就该这么干》：电商时代的实体店长自我变革。

定价：38.00 元

《生鲜超市工作手册蔬果篇》：海量图解日本生鲜超市先进管理技能

定价：38.00 元

《生鲜超市工作手册肉禽篇》：海量图解日本生鲜超市先进管理技能

定价：38.00 元

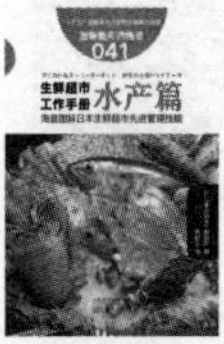

《生鲜超市工作手册水产篇》：海量图解日本生鲜超市先进管理技能

定价：38.00 元

《生鲜超市工作手册日配篇》：海量图解日本生鲜超市先进管理技能

定价：38.00 元

《生鲜超市工作手册副食调料篇》：海量图解日本生鲜超市先进管理技能

定价：48.00 元

《生鲜超市工作手册 POP 篇》：海量图解日本生鲜超市先进管理技能

定价：38.00 元

《日本新干线 7 分钟清扫奇迹》：我们的商品不是清扫，而是“旅途的回忆”

定价：39.80 元

《像顾客一样思考》：不懂你，又怎样搞定你？

定价：38.00 元

《好服务是设计出来的》：设计，是对服务的思考

定价：38.00 元

《让头回客成为回头客》：回头客才是企业持续盈利的基石

定价：38.00 元

《餐饮连锁这样做》：日本餐饮连锁店经营指导第一人

定价：39.00 元

《养老院长的 12 堂管理辅导课》：90%的养老院长管理烦恼在这里都能找到答案

定价：39.80 元

《大数据时代的医疗革命》：不放过每一个数据，不轻视每一个偶然

定价：38.00 元

《如何战胜竞争店》：在众多同类型店铺中脱颖而出

定价：38.00 元

《这样打造一流卖场》：能让顾客快乐购物的才是一流卖场

定价：38.00 元

《店长促销烦恼急救箱》：经营者、店长、店员都必读的“经营学问书”

定价：38.00 元

《餐饮店爆品打造与集客法则》：迅速提高营业额的“五感菜品”与“集客步骤”

定价：58.00 元

《赚钱美发店的经营学问》：一本书全方位掌握一流美发店经营知识

定价：52.00 元

《新零售全渠道战略》：让顾客认识到“这家店真好，可以随时随地下单、取货”

定价：48.00 元

《良医有道：成为好医生的 100 个指路牌》：做医生，走经由“救治和帮助别人而使自己圆满”的道路

定价：58.00 元

《口腔诊所经营 88 法则》：引领数百家口腔诊所走向成功的日本口腔经营之神的策略

定价：45.00 元

《来自 2 万名店长的餐饮投诉应对术》：如何搞定世界上最挑剔的顾客

定价：48.00 元

《超市经营数据分析、管理指南》：来自日本的超市精细化管理实操读本

定价：60.00 元

《超市管理者现场工作指南》：来自日本的超市精细化管理实操读本

定价：60.00 元

《超市投诉现场应对指南》：来自日本的超市精细化管理实操读本

定价：60.00 元

《超市现场陈列与展示指南》

定价：60.00 元

《向日本超市店长学习合法经营之道》

定价：78.00 元

《让食品网店销售额增加 10 倍的技巧》

定价：68.00 元

《让顾客不请自来！卖场打造 84 法则》

定价：68.00 元

《有趣就畅销！商品陈列 99 法则》

定价：68.00 元

《成为区域旺店第一步——竞争店调查》

定价：68.00 元

《餐饮店如何打造获利菜单》

定价：68.00 元

《日本家具 & 家居零售巨头 NITORI 的成功五原则》

定价： 58.00 元

《咖啡店卖的并不是咖啡》

定价： 68.00 元

《革新餐饮业态： 胡椒厨房创始人的突破之道》

定价： 58.00 元

《餐饮店简单改换门面， 就能增加新顾客》

定价： 68.00 元

《让 POP 会讲故事， 商品就能卖得好》

定价： 68.00 元

《经营自有品牌： 来自欧美市场的实践与调查》

定价： 78.00 元

《卖场数据化经营》

定价： 58.00 元

《超市店长工作术》

定价： 58.00 元

《习惯购买的力量》

定价： 68.00 元

《7-ELEVEn 的订货力》

定价： 58.00 元

《与零售巨头亚马逊共生》

定价： 58.00 元

《下一代零售连锁的 7 个经营思路》

定价： 68.00 元

《唤起感动： 丽思卡尔顿酒店“不可思议” 的服务》

定价： 58.00 元

《7-ELEVEn 物流秘籍》

定价： 68.00 元

《价格坚挺， 精品超市的经营秘诀》

定价： 58.00 元

《超市转型： 做顾客的饮食生活规划师》

定价： 68.00 元

《连锁店商品开发》

定价： 68.00 元

《顾客爱吃才畅销》

定价： 58.00 元

《便利店差异化经营——罗森》

定价： 68.00 元

《餐饮营销 1： 创造回头客的 35 个开关》

定价： 68.00 元

《餐饮营销 2： 让顾客口口相传的 35 个开关》

定价： 68.00 元

《餐饮营销 3： 让顾客感动的小餐饮店“纪念日营销”》

定价： 68.00 元

《餐饮营销 4： 打造顾客支持型餐饮店 7 步骤》

定价： 68.00 元

《餐饮营销 5： 让餐饮店坐满女顾客的色彩营销》

定价： 68.00 元

更多本系列精品图书，敬请期待！

图字：01-2019-5386 号

图书在版编目（CIP）数据

餐饮创业实战. 5，做好“外卖”更赚钱 /（日）大泷政喜 著；杨玉辉 译. —北京：东方出版社，2020. 5
(服务的细节；099)
ISBN 978-7-5207-0166-2

Ⅰ. ①餐… Ⅱ. ①大… ②杨… Ⅲ. ①饮食业—商业经营 Ⅳ. ①F719. 3

中国版本图书馆 CIP 数据核字（2020）第 030011 号

服务的细节 099：餐饮创业实战 5：做好“外卖”更赚钱
(FUWU DE XIJIE 099: CANYIN CHUANGYE SHIZHAN 5: ZUOHAO "WAIMAI" GENG ZHUANQIAN)

作　　者：[日] 大泷政喜
译　　者：杨玉辉
责任编辑：崔雁行　高琛倩
出　　版：东方出版社
发　　行：人民东方出版传媒有限公司
地　　址：北京市朝阳区西坝河北里 51 号
邮　　编：100028
印　　刷：北京市大兴县新魏印刷厂
版　　次：2020 年 5 月第 1 版
印　　次：2020 年 5 月第 1 次印刷
开　　本：880 毫米×1230 毫米　1/32
印　　张：6. 375
字　　数：177 千字
书　　号：ISBN 978-7-5207-0166-2
定　　价：68. 00 元
发行电话：(010) 85924663　85924644　85924641